Das Hundebuch
für Kids

Das Hundebuch für Kids

Sarah Whitehead

Fotos von Jane Burton

KOSMOS

Aus dem Englischen übersetzt von
Dr. Wolfgang Hensel.

Titel der Originalausgabe: Puppy Training for Kids.
Erschienen bei Thalamus Publishing,
Ludlow, England.
ISBN der Originalausgabe 0-7641-1940-0
Copyright, Text und Layout © Thalamus
Publishing 2001

Umschlaggestaltung von eStudio Calamar unter
Verwendung eines Farbfotos von Juniors Bildarchiv
(Christine Steiner).

Die Deutsche Bibliothek – CIP-Einheitsaufnahme
Ein Titelsatz für diese Publikation ist bei
Der Deutschen Bibliothek erhältlich

Bildnachweis
Alle Aufnahmen in diesem Buch stammen von Jane
Burton und Kim Taylor/Warren Photographic.
Das Foto auf S. 19 (unten links) stammt von Hazel
Taylor. Bildbearbeitung von Mark Taylor/Warren
Photographic.

Informationen senden wir Ihnen gerne zu

Bücher · Kalender · Spiele · Experimentierkästen · CDs ·
Videos · Seminare

Natur · Garten & Zimmerpflanzen · Heimtiere · Pferde &
Reiten · Astronomie · Angeln & Jagd · Eisenbahn & Nutz-
fahrzeuge · Kinder & Jugend

KOSMOS

Postfach 10 60 11
D-70049 Stuttgart
TELEFON +49 (0)711-2191-0
FAX +49 (0)711-2191-422
WEB www.kosmos.de
E-MAIL info@kosmos.de

Für die deutsche Ausgabe:
© 2002, Franckh-Kosmos Verlags-GmbH & Co.,
Stuttgart
Alle Rechte vorbehalten
ISBN 3-440-09085-X
Redaktion: Claudia Sträb
Satz: TypoDesign, Radebeul
Printed in spain / Imprimé en Espagne
Druck und Binden: Graficromo, Spanien

An die Eltern

Dieses Buch richtet sich an
Kinder aller Altersstufen. Es soll sie ermuntern, aktiv an der Ausbildung und
Pflege eines Welpen teilzunehmen.
Vielen Kindern fällt es leicht, mit Tieren
zu kommunizieren. Durch den Umgang
mit ihnen erlernen sie verschiedene Verhaltensweisen, den Wert von Freundlichkeit und Mitgefühl.
Die Übungen in diesem Buch sollen
sowohl Ihrem Kind als auch dem Welpen Spaß machen und in freundlicher
Atmosphäre verlaufen. Dennoch müssen die Spiele und Trainingseinheiten
beobachtet werden. Daher empfehlen
wir, dass Sie das Buch zusammen mit
Ihren Kindern lesen, und die Fort-
schritte im Auge behalten.
Wenn Sie das Gefühl haben, dass sich
Ihr Hund merkwürdig verhält – insbe-
sondere gegenüber Kindern – sollten
Sie einen Tierarzt aufsuchen und das
Tier ggf. zu einem Hundetrainer bringen.

Inhalt

Einleitung

Es gibt nichts Aufregenderes als Hunde. Sie machen Spaß, sind freundlich und gute Kameraden. Wenn du toben willst, machen sie mit, wenn du aber einen Freund zum Zuhören brauchst, bleiben sie auch ruhig bei dir sitzen.

Wenn du einen Hund hast, bist du verantwortlich für die Gesundheit und Lebensfreude eines lebendigen Wesens – und das nicht nur für einen Tag oder eine Woche, sondern jahrelang, solange er mit dir zusammen lebt. Dein Hund möchte spazieren gehen, auch wenn draußen schlechtes Wetter ist. Er braucht Futter und möchte spielen, auch wenn du lieber mit deinen Freunden zusammen bist. Und dein Hund braucht viel Training und Übung, damit er sich an das Leben mit Menschen gewöhnt. Wenn du dich um deinen Hund kümmerst, wirst du viel Spaß haben, es wird aufregend sein und sich lohnen.

Warte nicht zu lange ab, sondern beginne gleich mit dem Training, denn ein Welpe wird schnell groß. Hunde wachsen viel schneller als Menschen! Sie können schon in den ersten sechs Monaten ihres Lebens ihre Endgröße erreichen. Sie rennen, springen und benehmen sich schon wie erwachsene Hunde, wenn menschliche Babys weder laufen, sprechen, noch nicht einmal krabbeln können, wie du auf dieser Seite sehen kannst.

**Welpe 2–4 Wochen
Kind 1–2 Jahre**

**Welpe 12–18 Wochen
Kind 8–11 Jahre**

So entwickeln sich Welpe und Kind im Vergleich
(Grundlage: mittelgroßer Mischlingshund)

Welpe 4–8 Wochen
Kind 3–4 Jahre

Welpe 8–12 Wochen
Kind 5–7 Jahre

Junghund 9–12 Monate
Kind 15–17 Jahre

Junghund 4–9 Monate
Kind 11–14 Jahre

Das erste Jahr deines Hundes

Zwei bis vier Wochen

Hundebabys werden blind und taub geboren. Sie sind, genau wie Menschenbabys, völlig von ihrer Mutter abhängig. Sie gibt ihnen Nahrung, Wärme und Zuneigung.

Nach zwei Wochen öffnen die Welpen ihre Augen, nun beginnen sie auch zu hören. Nach drei Wochen können sie laufen, sind aber vielleicht noch etwas wackelig auf den Beinen. Nun erkunden sie sehr neugierig ihre Umwelt. Sie bleiben aber noch ganz nah bei ihrer Mutter, weil sie sich nicht selbst warm halten können.

Hundebabys können sofort nach der Geburt hervorragend riechen. Hunde haben über 200 Millionen Riechzellen in ihrer Nase! Damit erkennen sie ihre Mutter am Geruch und können zurückkrabbeln, wenn sie sich von ihr entfernt haben.

● Entwicklung

In den ersten paar Wochen sind alle Hundebabys niedlich und knuddelig. Während dieser Zeit kann sich ihr Aussehen stark verändern, und sie entwickeln sich vom Fellknäuel zum richtigen kleinen Hund. Manche Rassen kann man als Welpe kaum erkennen, Dalmatiner werden z.B. ganz weiß geboren. Erst nach einigen Tagen zeigen sich ihre Flecken und werden langsam dunkler.

Vier bis acht Wochen

Welpen können nach vier Wochen laufen, rennen und mit ihren Geschwistern oder Spielsachen spielen. Sie sind sehr neugierig und wollen so viel wie

oben: Im Alter von einem Tag fällt das empfindlichste Organ besonders auf – die Nase!

links: Hundebabys kuscheln sich aneinander. So finden sie Wärme und Sicherheit.

möglich entdecken. Nun bilden sich erste spitze Zähnchen. Wie ein Menschenbaby stecken auch kleine Hunde alles in den Mund, um zu probieren, wie es schmeckt und wie es reagiert.

Kinder in der gleichen Altersstufe (drei bis vier Jahre) können schon sprechen. Auch Welpen lernen eine Sprache: Sie üben ihre Körpersprache. Geht z.B. ein Welpe auf einen anderen zu, wedelt mit dem Schwanz oder hebt eine Pfote, heißt das: „Ich möchte spielen." Jeder seiner Brüder oder Schwestern versteht das. Die Aufforderung zum Spiel versucht dein Hund bestimmt auch bei dir: Er beugt sich mit Kopf und Vorderbeinen ganz weit nach unten, lässt aber den Hintern in der Luft. Deutlicher geht es nicht.

Etwa nach vier bis fünf Wochen beginnen Welpen, feste Nahrung zu essen. Damit werden sie auch unabhängiger, denn sie sind nicht mehr völlig auf die Milch ihrer Mutter angewiesen. Am Anfang müssen sie aber noch lernen, wie man richtig kaut. Manchmal langweilen sie sich beim Essen und spielen mit dem Futter herum, statt es zu fressen.

Mit vier Wochen kann ein Welpe schon gut sehen.

> ### ❯ Spielbisse
> Hundebabys spielen mit Maul und Pfoten. Manchmal werden ihre Spiele ziemlich rau. Wird ein Welpe zu fest gebissen, beginnt er zu quietschen – dann endet das Spiel sofort. So lernen kleine Hunde, vorsichtig zu sein und sich beim Spiel gegenseitig nicht zu verletzen.

Acht bis zwölf Wochen

Im Alter von acht Wochen kommen die meisten Welpen in ihr neues Zuhause. Es muss ein komisches Gefühl sein, von der Mutter und den Geschwistern getrennt zu werden – stell dir vor, du müsstest mit fünf Jahren deine Familie verlassen!

Nun verbringt ein Welpe sein Leben mit drei Dingen: Essen, Spielen und Schlafen.

Während der ersten Tage im neuen Zuhaus erkundet der Welpe genau seine neue Familie und die Wohnung. Er braucht aber unbedingt einen eigenen Schlafplatz, wo er ungestört ausruhen kann.

Noch ist der Welpe sehr zart und wackelig. Daher fällt er manchmal um, kullert umher oder bleibt mit ausgestreckten Beinen flach auf dem Boden liegen.

Kleine Hunde versuchen alles anzunagen, was sie mit dem Maul erreichen können. Für sie gibt es keinen Unterschied zwischen einem Stock und einem Tischbein – alles kann man prima anknabbern! Sorge dafür, dass dein Welpe richtige Spielsachen bekommt. Ideal sind Hundespielzeug aus Hartgummi, Spielknochen und Stoffspielzeug.

⮕ Benimmregeln

Alle Welpen müssen lernen, wie man sich gegenüber älteren Hunden und Menschen verhält. Jetzt ist das Training und viel Zeit für Spiele besonders wichtig. Dein Welpe muss lernen, wie er dich begrüßen soll, wenn du aus der Schule kommst, wann es sicher ist, eine Straße zu überqueren, und wie man an einer Leine läuft.

Zwischen acht und zwölf Wochen lernen junge Hunde die Welt kennen.

Zwölf bis achtzehn Wochen

Jetzt lernt ein Hund so viel wie möglich über seine Welt. Er stellt fest, was Spaß macht und was nicht. Nun wird es auch Zeit, mit ihm „in die Schule" zu gehen. Er muss lernen, wie man sich gegenüber anderen Hunden und Menschen verhält. In diesem Alter kannst du ihm beibringen, wie man sich auf Kommando hinsetzt – jeder Hund spielt und lernt sehr gerne, auch tolle Tricks.

Jetzt lernt dein Hund auch das typische Verhalten seiner Rasse. Terrier graben begeistert. Retriever und Jagdhunde lieben es, Dinge in ihrem Mund herumzutragen, während Collies und andere Hütehunde dich vielleicht wie ein Schaf behandeln: Sie versuchen, dich zu treiben!

Fünf bis neun Monate

Jetzt sind Hunde im Teenager-Alter. Häufig sehen sie nun etwas aufgeschossen und „staksig" aus oder sie bewegen sich ungeschickt. Sie wollen immer noch neugierig die Welt kennen lernen, sind dabei aber schon viel mutiger. In diesem Alter brauchen Hunde viel Übung und feste Regeln im Haus. Sicher war es sehr schön, wenn dein zwölf Wochen alter Welpe auf deinem Bett schlief, jetzt würde er dir aber bald die Decke wegziehen!

In einer Hundeschule oder einem Verein kannst du mit deinem Hund die wichtigsten Kommandos und Übungen lernen. Natürlich versteht dein Hund kein Deutsch, daher musst du ihm die Bedeutung jedes Wortes beibringen. Es ist sehr wichtig, ihn zu belohnen – mit Leckerbissen, Spielzeug und lobenden Worten in deutlicher, freundlicher Sprache. Achte darauf, dass ihm die Übungen Spaß machen, denn Hunde lernen am besten, wenn sie sich wohl fühlen – wie du sicher auch.

Die meisten Hunde-Teenager bewegen sich gerne. Sie rennen, springen und balancieren. Dadurch halten sie sich körperlich fit und bleiben ausgeglichen. Wenn du deinem Hund beibringst, einem Ball oder Spielzeug nachzujagen, habt ihr beide viel Spaß und du brauchst nicht dauernd mitzurennen.

Neun bis zwölf Monate

Jetzt ist dein Hund erwachsen. Vielleicht wird dein Spielgefährte noch breiter und muskulöser werden, aber sicher nicht größer. Es gibt Hunde, die scheinbar nie erwachsen werden, während andere schon früh ruhig und vernünftig reagieren. Obwohl du jeden Hund mit viel Übung gut erziehen kannst, bleiben manche Rassen auch als Erwachsene leicht erregbar und verspielt, z.B. Boxer und Dalmatiner.

❯ Welpe trifft Hund

Es ist wichtig, dass dein Welpe regelmäßig andere Hunde trifft. Denn er muss lernen, wie er mit anderen Hunden richtig umgeht. Auf diese Weise kommt es später seltener zu Kämpfen zwischen ihm und fremden Hunden.

❯ Der Wolf im Hundefell

Alle Hunde brauchen Nahrung, Wasser, Schutz, Geborgenheit und Gesellschaft. Sie sind soziale Lebewesen, die auf ein Familienleben angewiesen sind. Hunde stammen von den Wölfen ab. Obwohl einige gar nicht mehr wie Wölfe aussehen, haben sie doch viele Verhaltensweisen gemeinsam. So lieben es alle Hunde, hinter Spielzeugen herzujagen. Genauso macht es ein Wolf auf der Jagd nach Beute.

Hunde nennt man „soziale Lebewesen", das heißt, sie sind gerne mit Artgenossen zusammen.

Das kann dein Hund

1 Riechen und Schmecken

Riechen

Hunde können sofort nach der Geburt fantastisch riechen. Zwar können sie weder sehen, hören noch laufen, nehmen aber den Duft und die Wärme ihrer Mutter wahr und krabbeln zu ihr hin, wenn sie frieren oder hungrig sind.

Die Nase eines Hundes ist kühl und feucht. Mit ihr fängt er die Geruchspartikel aus der Luft ein.

Mit der Zeit wird der Geruchssinn eines Hundes noch besser. Erwachsene Hunde können viel besser riechen als wir – vermutlich sogar etwa eine Million mal besser! Kleine und erwachsene Hunde können sich über den Geruch verständigen. Daher schnuppern sie ständig am Boden herum und suchen nach den Spuren anderer Hunde. Sie „lesen" diese Botschaften mit der Nase, so als würden wir eine Zeitung lesen. Hunde beschnuppern sich auch zur Begrüßung. Am Duft eines anderen Hundes erkennen sie, ob er gesund ist, ob er ein Männchen oder Weibchen und sogar ob er freundlich ist.

Hunde auf der Jagd folgen der Duftspur ihrer Beute. Ohne ihre gute Nase hätten ihre wilden Vorfahren, die Wölfe, nie etwas zu essen gefunden. Jagd- und Spürhunde können genauso gut riechen, und manche von ihnen werden ausgebildet, um nach Unfällen oder Erdbeben eingeschlossene Menschen aufzuspüren.

➲ So funktioniert die Nase

Wie wir hat auch der Hund eine empfindliche „Riechhaut" in der Nase. Winzige Geruchspartikel aus der Luft lösen sich in der Feuchtigkeit der Nase und des Mauls auf und erreichen diese empfindliche Schicht. Die Duftsignale werden von einer besonderen Region im Gehirn „gelesen" und erkannt.

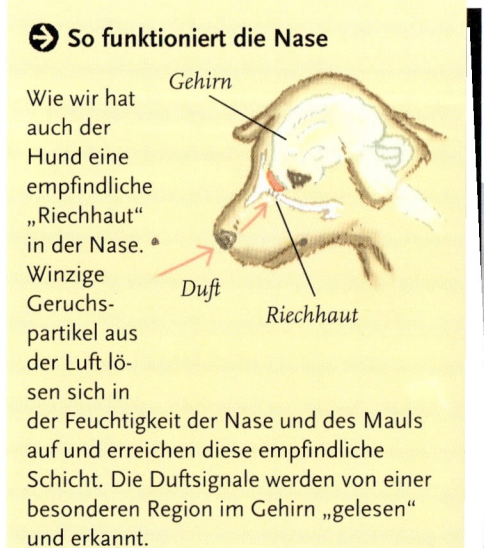

Gehirn

Duft

Riechhaut

Schmecken

Wir wissen nicht genau, wie gut Hunde schmecken können. Manche scheinen bestimmtes Futter besonders gern zu mögen; wahrscheinlich können sie auch bitter, süß, sauer und salzig unterscheiden, aber sicher nicht wie wir.

Einige Hunde scheinen wirklich alles fressen zu wollen und zu können – sogar Knoblauch oder Zwiebeln. Andere weigern sich, etwas Neues zu probieren, und fressen nur das, was sie kennen.

oben: Gerüche sind für Hunde lebenswichtig. Diese Welpen schnuppern im feuchten Gras nach Kaninchen.
unten: Hunde beschnuppern sich zur Begrüßung. Hier begrüßen sich zwei Hunde freundlich Nase an Nase.

➲ Das mag ich nicht!
Manchmal verbinden Hunde mit dem Geschmack eines bestimmten Futters eine schlechte Erinnerung. Ein Hund, der nach einem bestimmten Essen krank wurde, wird diesen Geschmack auch später erkennen und nicht mögen. Auf diese Weise lernen Hunde, welche Nahrung ihnen schaden könnte.

➲ Der Duft von Menschen
Hunde erkennen einen Menschen am Geruch. Es ist bekannt, dass Hunde Menschen wieder erkennen, die sie nur einmal gesehen haben. Aber auch Hunde lassen sich von eineiigen Zwillingen verwirren – sie sehen nicht nur gleich aus, sondern scheinen auch gleich zu riechen.

2 Sehen

Neugeborene Hundebabys sind blind. Da ihre Augen völlig geschlossen sind, können sie in den ersten beiden Wochen nichts sehen, erst danach öffnen sich die Augen langsam. Doch selbst dann sehen sie zunächst nicht besonders scharf, aber das ändert sich rasch. Bald erkennen sie ihre Geschwister, die Mutter und die Welt um sich herum.

Im Vergleich zu uns können Hunde Licht und Bewegung besser sehen, erkennen aber die Konturen nicht so scharf wie

oben: Dieses Border-Collie-Baby ist zehn Tage alt. Es hat seine Augen noch nicht geöffnet.
unten: Für den einjährigen Windhund ist eine scharfe Sicht bei der Jagd genauso wichtig wie seine gute Nase.

wir. Dein Hund spürt noch das winzigste Insekt im Gras auf, aber nur, wenn es sich bewegt. Bleibt es jedoch völlig ruhig sitzen, kann er es nicht mehr sehen.

Manche Hunderassen sehen besser als andere. Das liegt daran, dass sie gezüchtet wurden, um Jagdwild aus großer Entfernung zu erkennen. Die Augen des Afghanen stehen beispielsweise weit auseinander und seitlich am Kopf. Damit kann er, ohne sich umzudrehen, sogar erkennen, was hinter ihm geschieht.

In der Dämmerung oder bei schwachem Licht sehen Hunde besser als Menschen. Allerdings haben sie nicht unsere farbempfindlichen Sehzellen, daher nehmen sie Farben anders wahr als wir.

➡ Erwischt!
Hunde können sehr gut Entfernungen schätzen. Wenn du deinem Hund einen Ball zuwirfst, weiß er sofort, wie weit und wie schnell er rennen muss, um ihn zu fangen. Manche Hunde sind dabei so gut, dass sie sogar Frisbee spielen können.

Im Alter von 14 Tagen beginnen sich die Augen zu öffnen.

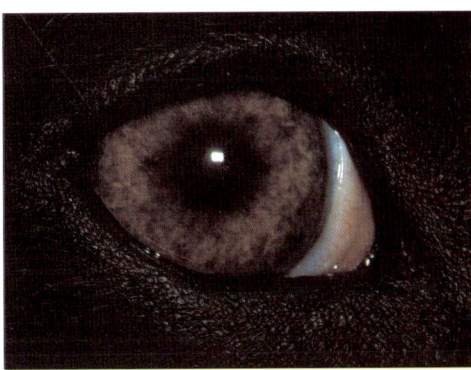

Hunde haben ein drittes Augenlid. Man bekommt es nur zu sehen, wenn sie sich unwohl fühlen.

Hunde können wie du weinen, aber nicht, wenn sie sich unglücklich fühlen. Hunde halten mit den Tränen ihre Augen sauber und feucht.

Im Unterschied zu den Menschen haben Hunde im Augenwinkel noch ein drittes Augenlid. Man sieht es aber nur, wenn der Hund krank ist. Es wird schützend über das Auge gezogen.

➜ „Sehen" mit anderen Sinnen

Alte Hunde können häufig nicht mehr gut sehen, manche werden sogar blind. Dennoch können sie ihr Leben weiter genießen und den Weg nach Hause finden. Sie erinnern sich daran, wo Möbel und andere Dinge standen, und nutzen ihren Geruchs- und Tastsinn.

➜ So funktioniert das Auge

Das Auge ist kugelförmig und mit Flüssigkeit gefüllt. Starke Muskeln halten es in den Augenhöhlen des Schädels fest. Mit den Muskeln kann das Auge in alle Richtungen bewegt werden. So erkennt ein Hund Bewegungen aus den Augenwinkeln.

Der Windhund hat eine Bewegung im Busch gesehen und nimmt eine typische Haltung ein, die „Vorstehen" genannt wird.

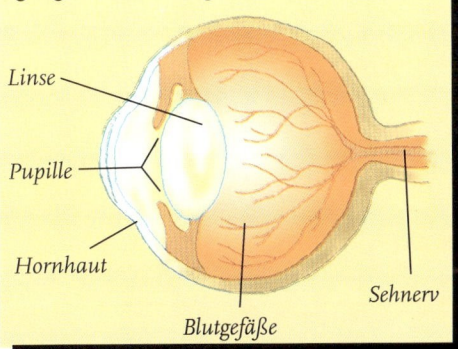

Linse

Pupille

Hornhaut

Blutgefäße

Sehnerv

3 Hören

Die meisten Hundebesitzer kennen das: Schon ein leises Rascheln der Tüte mit den Hundekuchen, und der Hund kommt angerannt! Das zeigt, wie gut Hunde hören können. Wölfe und andere wilde Hunde müssen ausgezeichnet hören können. Nur so spüren sie Beute auf, hören rechtzeitig, wenn sich Eindringlinge nähern, um ihr Rudel verteidigen zu können, und sie verstehen, was andere Hunden sagen wollen.

Sehr kleine Hundebabys können noch nicht hören. Nach ein paar Tagen nehmen sie laute Geräusche wahr und nach ein paar Wochen hören sie schon besser als wir. Ein junger, gesunder Hund weiß nach 0,06 Sekunden, woher ein Ton kommt. Muskeln an der Ohrmuschel helfen dabei, den Schall ins Innenohr zu leiten. Daher hören sie Geräusche viermal besser als Menschen.

Außerdem können Hunde ihr Innenohr abschließen. Sie sperren den Lärm aus und konzentrieren sich auf bestimmte Töne. Vielleicht liegt es daran, dass dein Hund manchmal einfach nicht auf dich hören will – vor allem, wenn er gerade Spaß hat!

links: Dieser Welpe neigt den Kopf und lauscht aufmerksam auf fremde Töne.

rechts: Der Cavalier King Charles Spaniel „spitzt" die Ohren.

> ### ➲ Taubheit
>
> Leider werden manche Hunde schon sehr früh taub. Das passiert bei einigen Rassen häufiger als bei anderen, vor allem weiße Rassen, wie Dalmatiner, Bullterrier und weiße Boxer, scheinen anfälliger zu sein. Sie werden oft sogar auf einem oder beiden Ohren taub geboren. Ob ein Welpe taub ist, stellt sich oft erst heraus, wenn er seine Mutter verlässt. Tierärzte können aber einen Test durchführen und feststellen, ob eine Welpe hören kann oder nicht. Auch taube Hunde können ein schönes, aktives Leben führen. Allerdings braucht man viel Zeit und Mühe, um einen tauben Welpen zu trainieren – aber es ist möglich und lohnt sich. Solche Hunde lernen auf Handsignale zu reagieren und werden zu guten und oft besonders aufmerksamen Gefährten, wenn man geduldig bleibt und ihnen hilft.

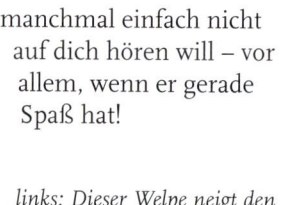

❯ Hunde mögen leise Töne

Die Ohren von Hunden sind so empfindlich, das sie bei sehr hohen Tönen oder großem Lärm geschädigt werden. Daher solltest du bei den Übungen ruhig und leise mit ihnen reden. Sanfte Kommandos wirken viel besser als lautes Brüllen.

❯ Kopf neigen

Häufig neigen Hunde, die eine Tonquelle orten wollen oder ein verwirrendes Geräusch hören, den Kopf. Bei Welpen kann das sehr niedlich aussehen: Sie wackeln ständig mit dem Kopf hin und her, als lauschten sie auf jedes Wort, das du sprichst. Schau dir die beiden hier unten auf der Seite an!

❯ So funktioniert das Ohr

Das Ohr besteht aus vier Teilen: Ohrmuschel, äußerer Hörkanal, Mittelohr und Innenohr. Die Ohrmuscheln jeder Hunderasse haben eine bestimmte Form. Sie schützen und bedecken das innere Ohr, leiten aber auch den Schall durch den Hörkanal bis zum Trommelfell.
Das Mittelohr liegt hinter dem Trommelfell. Seine drei Gehörknöchelchen übertragen die Schwingungen des Trommelfells auf das Innenohr. Die Schnecke des Innenohres wandelt die Schwingungen in Signale um, die zum Gehirn weitergeleitet werden.
Außerdem regelt das Innenohr das Gleichgewicht eines Hundes. So kann er mit Leichtigkeit rennen, sich umdrehen, hochspringen, auf allen Vieren landen und auch über schmale Stege balancieren.

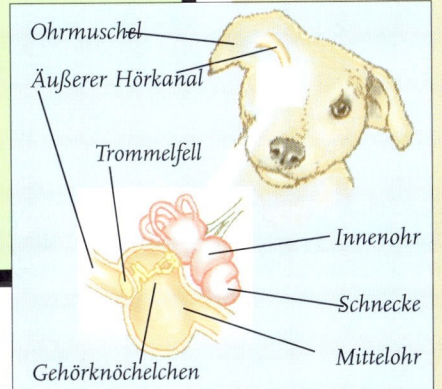

Ohrmuschel · Äußerer Hörkanal · Trommelfell · Innenohr · Schnecke · Mittelohr · Gehörknöchelchen

links: Manche Rassen, wie dieser neun Wochen alte Husky, haben aufrechte Ohren.

rechts: Aufrecht oder Schlappohren? Bei diesem Welpen haben sich die Ohrmuscheln noch nicht voll entwickelt.

4 Tasten

Während der ersten beiden Wochen ihres Lebens sind Hunde fast vollständig auf ihren Tast- und Geruchssinn angewiesen. Sie können sich noch nicht warm halten und kuscheln sich ständig aneinander und an ihre Mutter – so ist es schön warm.

Sobald sie ihre Geschwister verlassen und mit Menschen in einem Haus leben, müssen sie sich daran gewöhnen, anders berührt zu werden. Den meisten Hunden gefällt es, wenn du sie streichelst, sie können es aber nicht leiden, wenn man sie umarmt. Am besten berührst du sie an Brust und Bauch. Vielen gefällt das so gut, dass sie sich auf den Rücken drehen und warten, bis du sie kitzelst.

Hunde nehmen Kälte, Hitze, Schmerz und Wohlgefühl über ihre Haut wahr. Auch ihre Nasen reagieren empfindlich auf Berührungen. Gib einem Hund niemals einen Klaps auf die Nase! Vermutlich können Hunde einen Gegenstand durch Berührung mit ihren Tasthaaren wahrnehmen. Haare und Nägel gleichen deinen; sie können ohne Schmerzen geschnitten werden.

unten: Diese neugeborenen Welpen müssen sich noch eng zusammenkuscheln, um sich warm zu halten.

oben: Viele Hunde mögen es, wenn du sie am Bauch kitzelst.

Bei Hunden, die sich nicht gerne berühren lassen, sind oft Füße, Maul und Schwanz besonders empfindlich. Ist dein Hund so empfindlich, musst du ihn mit Leckerbissen oder Spielen belohnen, wenn er sich anfassen lässt.

Hunde, die mit anderen zusammenleben oder sich gut kennen, berühren sich oft freundschaftlich; sie schlafen eng beieinander, vielleicht sogar im selben Körbchen! So fühlen sie sich wahrscheinlich genauso sicher und warm wie früher als Welpen, als sie mit Mutter und Geschwistern kuscheln konnten.

Warm bleiben

Viele Hunde können sich bemerkenswert warm halten, sogar bei sehr kaltem Wetter. Es gibt Rassen, die speziell für Schnee und Eis gezüchtet wurden. Sie haben ein dichtes Fell und darunter noch eine zweite, absolut wetterfeste Fellschicht. Rassen wie die Sibirischen Huskies haben sogar Haare an den Füßen, die sie warm halten.

Es gibt Hundebesitzer, die ihren Tieren im Winter Jacken und andere Kleidung anlegen. Damit werden vor allem kleinere Hunde mit dünnem Fell vor Kälte und Regen geschützt (siehe links). Man bekommt solche Kleidung in verschiedenen Formen und Farben, von gestrickten Jäckchen bis zu wasserdichten Kunststoffjacken.

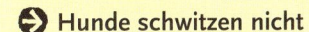

Hunde schwitzen nicht

Für viele Hunde ist es schwieriger, kühl als warm zu bleiben. Das liegt daran, dass Hunde nicht schwitzen können. Sie geben Wärme nur über Füße und Maul ab – dann hecheln sie. Im Sommer ist es für Hunde in geschlossenen Räumen sehr schwierig, sich abzukühlen. Ein Hund bei heißem Wetter im geschlossenen Auto schwebt in Lebensgefahr! Sie brauchen unbedingt frische Luft, ein schattiges Plätzchen und viel Wasser zum Trinken. Viele Hunde, wie der Border Collie im Bild oben, gehen gerne im Meer oder See schwimmen, um sich etwas abzukühlen.

Haarschnitt

Es gibt Rassen, deren Fell zu bestimmten Mustern geschoren wird, um sie warm oder kühl zu halten. Pudel hat man ursprünglich gezüchtet, um Enten aus dem Wasser zu holen. Ihr Fell wurde überall geschoren, nur an Brust, Knien, Hand- und Fußgelenken lang gelassen, damit sie beim Schwimmen nicht froren.

5 Bewegung

Da sie vier statt zwei Beine haben, halten Hunde besser die Balance und sind schneller als wir. Die meisten rennen schneller als Menschen, manche Rassen sind aber wirklich superschnell. Ein Windhund jagt mit einer Geschwindigkeit von 70 km/h umher.

Das Skelett eines Hundes

Das Skelett stützt und schützt die inneren Organe. Knochen sind hohle Röhren, die mit Knochenmark gefüllt sind. Dieses lebende Gewebe wird von Blutgefäßen versorgt, die durch winzige Löcher in den Knochen eindringen. Auf diese Weise kann ein gebrochener Knochen nachwachsen und sich selbst heilen.

Hunde haben kein Schlüsselbein wie wir Menschen, sondern ihre Vorderbeine werden von Muskeln gehalten. Daher können sie sehr beweglich rennen, springen, schwimmen und wenden.

Hunde können gehen, traben und galoppieren, sogar kriechen. Große Rassen gehen gerne mit großen, lockeren Schritten, während kleinere in einen schnellen Trab verfallen. Sowohl Wölfe als auch Hunde legen große Entfernungen im Trab zurück. Schlittenhunde, wie die Sibirischen Huskies und die Malamutes aus Alaska sind

Ehe dieser drei Wochen alte Krabbler so fröhlich galoppieren kann, wie seine älteren Artgenossen wird wohl noch einige Zeit vergehen.

Spezialisten für weite Entfernungen. Sie können bei einer Geschwindigkeit von 40 km/h in nur zehn Tagen 1.000 km zurücklegen. Hunde verschwenden keine Energie. Nur beim Spiel oder bei der Arbeit strengen sie sich an.

Wenn es auf große Geschwindigkeit ankommt, fallen Hunde in den Galopp. Weil

> ### ◉ Wie schnell rennen sie?
> ▸ Wolf: 56 km/h
> ▸ Windhund: 70 km/h
> ▸ Gepard: 113 km/h

➲ Warum streckt sich ein Hund?

Hunde, die gerade aufgewacht sind, strecken sich gerne. Sie wärmen ihre Muskeln auf und fühlen sich einfach gut – wie wir Menschen, wenn wir uns morgens dehnen. Manche Hunde drücken als Erstes die Vorderbeine auf den Boden und recken und strecken ihre Hinterbeine, dann kommen Schulter und Vorderbeine dran.

➲ Schwimmen

Die meisten Hunde sind gute Schwimmer. Vielleicht dauert es ein paar Jahre, bis ein Hund sich im Wasser wirklich sicher fühlt, aber dann liebt er es.
Manche Rassen wurden als Schwimmer gezüchtet. Der Neufundländer musste Fischernetze aus dem Wasser holen und ertrinkende Menschen retten. Er hat sogar winzige Schwimmhäute zwischen den Zehen.

➲ Können Hunde klettern?

Hunde können nicht gut klettern. Es soll allerdings seltene Beispiele für Hunde geben, die es geschafft haben, aus einem Zwinger zu klettern.
Polizeihunde üben, an einer fast 2 m hohen, senkrechten Mauer hochzuklettern. Jedoch klettern sie nicht richtig, sondern schieben sich mit Schwung und strampelnd über das Hindernis.

sie dabei viel Energie verbrauchen, halten sie das nur auf kurzen Strecken durch. Windhunde sind die Sprinter unter den Hunden. Sie erreichen auf kurzen Strecken fantastische Geschwindigkeiten.

Manche Hunde sind unglaublich beweglich. Einige können sich in der Luft drehen, um nach einem Ball oder sogar einem Vogel zu schnappen, andere quetschen sich noch durch kleinste unterirdische Spalten oder schaffen es sogar, sich in einem engen Kaninchenbau umzudrehen. Collies und andere Hütehunde legen sich hin, wenn sie nichts zu tun haben, springen aber bei dem kleinsten Befehl blitzschnell in die Höhe.

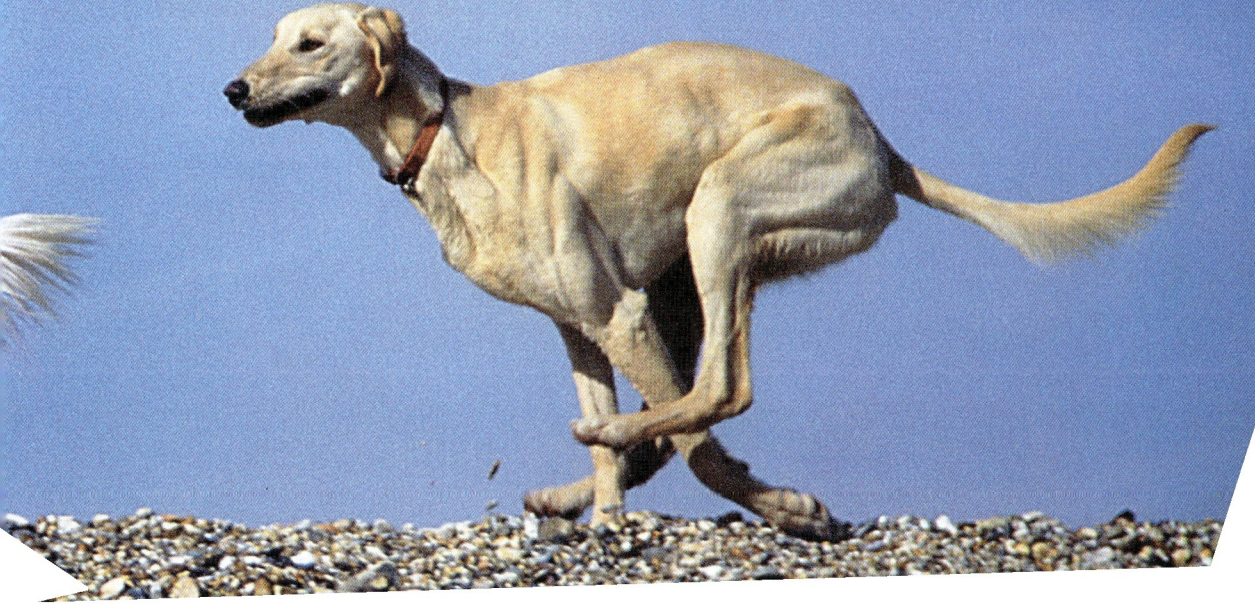

Das braucht dein Hund

Alle Hunde haben bestimmte Grundbedürfnisse. Genau wie wir brauchen sie Essen und Wasser, um zu überleben, und viel Pflege, damit sie fit und gesund bleiben.

Wenn du einen Welpen bekommst, braucht er in den ersten Tagen dasselbe Futter wie in seinem alten Zuhause. So verdirbt es sich nicht den Magen mit fremdem Essen.

Er braucht auch immer einen gefüllten Napf mit Wasser. Vielleicht ist es dir am Anfang lästig, aber es kommt wirklich darauf an, dass das Wasser immer frisch und sauber ist. Nur so bleibt dein Welpe gesund!

Wie kleine Kinder muss man auch Hunde vor Krankheiten schützen, z.B. durch Impfungen. Alle Welpen bekommen einige Impfungen vom Tierarzt. Er benutzt eine Spritze, die er in die lockere Haut hinten am Nacken spritzt. Das tut zwar nicht weh, könnte deinen Hund aber etwas erschrecken.

Auch wenn dein Hund krank wird, musst du mit ihm zum Tierarzt gehen. Er untersucht deinen Hund, schaut sich die Augen an und tastet den Bauch ab. Dann kann er ihn behandeln oder dir sagen, was du tun musst.

Wenn es deinem Hund nicht gut geht, dann versuche dich zu erinnern, wie du dich fühlst, wenn du krank bist. Vielleicht möchte er lieber allein gelassen oder sanft gestreichelt werden. Wahrscheinlich mag dein Hund nicht mehr mit dir spielen oder Spazieren gehen. Versuche ihn warm zu halten und geh zum Tierarzt, wenn sich dein Hund nicht bald besser fühlt oder länger als einen Tag nichts essen möchte.

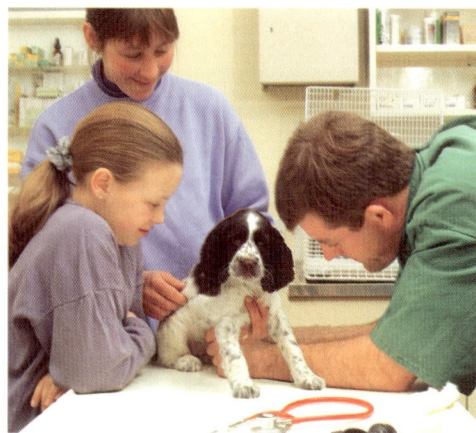

Ein Spaniel wird untersucht.

Ein neun Wochen alter Labrador bekommt seine erste Impfung in den Nacken.

rechts: Achte darauf, dass dein Hund immer einen Napf mit frischem Wasser hat.

➜ Wann ist dein Hund krank?

Gehe mit deinem Hund zum Tierarzt

▸ wenn er nicht fressen will,

▸ wenn er nicht wie üblich trinkt,

▸ wenn er Bauchschmerzen hat oder sich übergibt und nicht spielen will.

➜ Schokolade ist schädlich

Schokolade ist sehr schädlich für Hunde – selbst mit einem kleinen Stück kannst du einen Welpen vergiften. Es gibt aber harmlose Hundeschokolade als Leckerei zu kaufen. Sie wird aus anderen Zutaten hergestellt als unsere Schokolade.

Hundeschule

Die Hundeschule ist eine wirklich feine Sache. Dort lernst du, richtig mit deinem Hund umzugehen. Man zeigt dir auch, wie du deinem Hund mit viel Liebe etwas beibringen kannst.

Außerdem lernt dein Hund andere Hunde in seinem Alter kennen und kann sich mit ihnen anfreunden – wie du in der Schule. Denn in der Hundeschule sollen die Hunde nicht nur lernen, sondern auch miteinander spielen. Dabei üben sie den Umgang mit fremden Hunden und haben viel Spaß dabei, mit anderen Hunden zusammen zu sein.

Vielleicht hat dein Tierarzt eine Liste von Hundeschulen und kann dir eine empfehlen. Du kannst aber auch einen der Hundebesitzer in deiner Nachbarschaft nach der Adresse einer guten Schule fragen.

Die meisten Hundeschulen nehmen einen Welpen erst auf, wenn er seine Schutzimpfungen bekommen hat. Es wäre auch nicht schlecht, wenn du deinen Welpen vorher an Halsband und Leine gewöhnst. Nimm dir ein paar Leckerbissen mit, damit du ihn immer belohnen kannst, wenn etwas klappt.

Hundekörbchen

Alle Hunde brauchen ein eigenes Bett. Ob das aus Plastik mit einer Decke darin ist oder aus weichem Material, ein Körbchen

Eine Zeit lang macht es sicher Spaß, wenn dein Welpe bei dir im Bett liegt, aber denk daran: Irgendwann wird er größer! Achte also darauf, dass dein Hund immer in seinem eigenen Bett schläft.

großen ausgewachsenen Hund in einem Bett zu liegen ...

Halsband und Leine

Ein Welpe muss lernen, mit Halsband und Leine zu laufen. Wähle leichte Produkte aus. Nylon oder Leder ist das beste Material. Halsbänder oder Leinen aus Kettengliedern sind viel zu schwer. Außerdem machen sie deinem Welpen Angst, wenn das Halsband zu fest angezogen wird. Wie alle jungen Hunde versucht dein Hund zuerst, das Halsband abzustreifen. Am besten lenkst du ihn ab und beginnst ein Spiel. Dann vergisst er das ungewohnte Halsband schnell.

Bewegung

Alle Hunde müssen sich viel bewegen. Nur so bleiben sie fit und gesund und langweilen sich nicht. Wie viel Bewegung sie brauchen, richtet sich nach Rasse und Alter.

oder sogar ein großer Pappkarton, spielt keine Rolle. Stell das Bett aber stets dorthin, wo dein Hund Ruhe findet und ohne Störungen schlafen kann.

Manche Hund nagen gern an ihrem Bett oder der Decke herum. Weidenkörbe mögen sie besonders. Allerdings könnte das Holz splittern und deinem Hund wehtun – es gibt sicher bessere Körbchen.

Achte von Anfang an darauf, dass dein Hund in seinem und du in deinem Bett schläfst! Zuerst ist es sicher lustig, zusammen mit seinem Freund zu schlafen – aber stell dir bitte vor, wie es wäre, mit einem

➲ Wenn Hunde sich im Kreis drehen

In der Wildnis graben sich Hunde eine Schlafgrube oder Höhle. Wenn das geschafft ist, drehen sie sich ein paarmal herum, um den Boden zu glätten. Dann erst legen sie sich hin. Vielleicht kannst du das bei deinem Hund auch beobachten.

„Werfen und bringen" ist ein tolles Spiel!

⮞ Halsband und Leine

So gewöhnst du deinen Welpen an Halsband und Leine: Leg ihm das Halsband um und lass ihn die Leine im Haus hinter sich herschleifen. Da er einen empfindlichen Hals hat, darfst du beim Spazierengehen niemals an der Leine zerren. Wenn er unbedingt in die andere Richtung will, bleib einfach stehen und locke ihn mit einer Leckerei oder einem Spielzeug.
Zieht dein Hund ständig an der Leine, solltest du es mit einem leichten Halfter oder Geschirr versuchen. Wenn sie gut passen, lassen sie sich leichter tragen und ziehen nicht so sehr am Hals wie ein Halsband.

Hunde, die jünger sind als sechs Monate, sollten sich häufig, aber nie zu lange bewegen, sonst strengen sie sich zu sehr an. Nach ihrem ersten Geburtstag brauchen Hunde dagegen so viel Bewegung wie möglich – mindestens jedoch einen langen Spaziergang am Tag. Dabei können sie verschiedene Dinge sehen, hören und riechen und mit anderen Hunden spielen.

Ideal ist eine sichere Stelle, wo du deinen Hund von der Leine lassen kannst, wo er herumlaufen und spielen kann. Vorher musst du ihm aber unbedingt beibringen, auf dein Kommando zu dir zu kommen.

Anfangs ist das Halsband noch ungewohnt, aber ein Welpe gewöhnt sich schnell daran.

⮞ Sicherheit auf Reisen

Viele Welpen müssen sich bei der ersten Autofahrt übergeben. Die meisten gewöhnen sich aber schnell daran – vor allem wenn sie wissen, dass eine Autofahrt meist zu einem Ort führt, wo sie viel Spaß haben! In einer Transportbox bleibt dein Welpe viel ruhiger. Du kannst ihm beibringen, sich im Auto hinzulegen. Es gibt auch spezielle Autogeschirre, die wie ein Sicherheitsgurt funktionieren.

⮞ Das braucht dein Hund

Wasser – Futter – Schale für Wasser – Futternapf – Bürste und Kamm – Halsband und Leine – Bett oder Körbchen mit Decke – Hundespielzeug

Verhalten im Haus

Raum und schließe die Tür hinter dir. Bitte beim nächsten Mal einen Erwachsenen um Hilfe.

Mach deinem Welpen klar, dass es wehtut, wenn er dich beißt.

Beißen

Warum beißen Welpen in die Hand?

Die meisten jungen Hunde versuchen, alles anzuknabbern. Das ist zwar ein normales Verhalten, kann aber wehtun, wenn du angeknabbert wirst! Ein Hund probiert mit seinen Zähen, wie sich etwas anfühlt, ob es lebt oder nicht. Wenn er in einen Stock oder ein Spielzeug beißt, passiert nichts. Beißt er dich, musst du ihm klarmachen, dass es dir wehtut. Spielende Hunde beißen sich oft gegenseitig in Beine und Schwänze. Wird jemand zu fest gebissen, schreit er laut auf. Sofort weiß der andere, dass sein Biss zu fest war.

Was kannst du tun?

Am besten tust du so, als wärst du auch ein Hund! Immer wenn dein Hund versucht, dich zu beißen, bleibe ruhig stehen, kreuze die Arme und quieke mit hoher Stimme. Sobald er dich loslässt, darfst du wieder mit ihm spielen. Regt er sich zu sehr auf und kann sich gar nicht mehr beruhigen, verlasse sofort den

> ### ⬥ An die Eltern ⚠
> Alle Welpen erkunden die Welt mit dem Maul. Bringen Sie dem Hund bei, dass es schlimme Konsequenzen hat, wenn er zu fest beißt. Auf diese Weise werden die Bisse immer schwächer und hören nach vier bis sechs Wochen ganz auf. Erklären Sie Ihren Kindern, dass sie ruhig bleiben sollen, wenn sich der Welpe zu sehr aufregt. Meist hilft es, den Welpen kurz zu isolieren.

Welpen lernen schnell, dass Bisse wehtun!

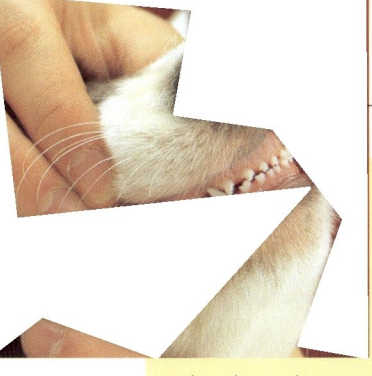

➡ Die Zähne

Auch Hunde bekommen zweimal Zähne. Die ersten, die Milchzähne, entsprechen den Babyzähnen des Menschen. Sie lockern sich und fallen im Alter von fünf Monaten aus. Vielleicht findest du sie nach dem Spiel oder wenn dein Hund auf etwas geknabbert hat. Du kannst sie zur Erinnerung aufbewahren.

Die zweiten Zähne wachsen sehr rasch. Sie sind rundlicher als die spitzen Babyzähne und bleiben dem Hund sein ganzes Leben lang erhalten. Damit die Zähne sauber und gesund bleiben, müssen sie regelmäßig geputzt werden – wie bei dir. Dafür gibt es besondere Zahnbürsten und Zahnpasta mit speziellem Geschmack. Außerdem pflegt der Hund seine Zähne beim Nagen an harten Kauknochen.

Stubenreinheit

Warum benutzen Hunde das Haus als Toilette?

Sie müssen lernen, wo und wann sie eine Toilette benutzen dürfen – das heißt im Freien und nicht im Haus! Zu Anfang, wenn sie noch sehr klein sind, benehmen sich Hunde wie Babys – und die machen auch in ihre Windeln. Etwa drei bis vier Monate lang können sie sich gelegentlich nicht beherrschen, vor allem nachts. Wenn du viel mit deinem Welpen übst, lernt er aber schnell, dass man das Haus nicht als Toilette benutzen darf.

„Zu spät!"

Was kannst du tun?

Jedes Mal, wenn dein Hund gespielt hat, wenn er aufwacht, wenn er aufgeregt ist – zum Beispiel, wenn du von der Schule nach Hause kommst –, oder direkt nach dem Essen muss er zur Toilette. Genau dann solltest du mit ihm ins Freie gehen – stets an denselben Ort. Warte ab, sogar wenn es regnet. Wiederhole ruhig immer dieselben Worte, etwa „Mach schnell". So erinnert sich dein Hund besser daran, warum ihr beiden hier draußen seid.

Sobald er anfängt zu schnuppern oder sich im Kreis zu drehen, lobe ihn. Hat er sich dann erleichtert, solltest du ihn besonders loben und ihm eine Leckerei geben.

Wenn es überhaupt nicht klappen will, ist es besser, wieder ins Haus zu gehen. Beobachte deinen Welpen aber gut. Wenn er beginnt, sich zu drehen und zu schnuppern, ist das ein sicheres Zeichen: Er will ein Häufchen machen. Falls die Zeit nicht mehr reicht, kommt der Welpe in ein Körbchen oder an einen anderen Platz, den man später leicht wieder säubern kann.

Wenn du deinen Hund im Haus erwischst, sage mit fester Stimme z.B. „Draußen!" und gehe sofort mit ihm ins Freie. Zeige ihm den Toilettenplatz – auch wenn es schon zu spät ist.

Werde aber nie böse, wenn dein Hund in die Wohnung gemacht hat. Du warst eben einfach nicht schnell genug!

Dein Hund springt vielleicht vor Freude an dir hoch. Allerdings könnte er dich dabei umwerfen oder verletzen.

Anspringen

Warum springen Hunde an Menschen hoch?

Sicher hast du schon bemerkt, dass kleine Hunde gerne an dir hochspringen, wenn sie sich freuen. Sie wollen deinem Gesicht nahe sein. Manche versuchen sogar, dir auf den Schoß zu springen, wenn du sitzt.

Das ist wunderbar – wenn du alte Sachen anhast und dich die schmutzigen Fußabdrücke nicht stören. Doch wenn du deinem Hund erlaubst, dich anzuspringen, wird er das auch bei anderen Menschen tun. Das kann nicht nur lästig, sondern sogar gefährlich werden, wenn er dabei jemanden umwirft.

Was kannst du tun?

Denk dir eine schöne Begrüßung aus. Du könntest dich zu ihm setzen oder ein Spielzeug holen. Damit dein Hund versteht, was du ihm beibringen möchtest, darfst du nicht reagieren, wenn er dich anspringt. Dreh ihm den Rücken zu und kreuze die Arme. Setzt er sich jedoch hin und bleibt ruhig, dann lobe ihn und spiele mit ihm. Dann bittest du einen Freund um Hilfe. Halte den Hund an der Leine oder bitte einen Erwachsenen darum. Wenn dein Freund kommt, müsst ihr den Hund zunächst völlig ignorieren. Schaut in den Himmel, die Bäume, seht ihn aber nicht an – bis er sich beruhigt hat! Auch deine Freunde dürfen den Hund loben, wenn er sich setzt oder hinlegt. Sobald er versucht zu springen, müssen sich alle wieder umdrehen.

Dein Hund will dir immer nahe sein. Du solltest ihm aber abgewöhnen, dein Gesicht zu lecken. Deinen Freunden gefällt das nämlich oft gar nicht.

Nagen

Warum nagen Hunde Dinge an?

Sie müssen nagen! Vor allem wenn Welpen ihre zweiten Zähne bekommen, knabbern sie heftig auf allem herum. Auf diese Weise lenken sie sich von dem unangenehmen Gefühl im Maul ab. Leider kennen Hunde nicht den Unterschied zwischen Stöcken und Möbeln oder zwischen einem alten und einem neuen Schuh. Wenn du deinem Welpen nicht genug andere Dinge gibst, wird er deine Sachen anknabbern.

Was kannst du tun?

Gib deinem Hund genug sichere Knabberspielzeuge. Der Zoofachhandel bietet spezielle Kauknochen oder andere Spielzeuge an, aus denen Futter herausfällt, wenn dein Hund daran knabbert. Das macht ihm bestimmt Spaß!

Alle Hunde graben gerne, daher solltest du es ruhig erlauben – aber nicht gerade in den Blumenbeeten.

Graben

Warum graben Hunde?

Für einen Hund ist Graben nicht nur völlig normal, er macht es sogar gerne! Für manche Rassen, wie die Terrier, ist es geradezu typisch. In der Wildnis graben Hunde aus vielen Gründen: Sie suchen Beute, die sich unter der Erde versteckt hat oder Wurzeln zum Essen, vergraben einen Futtervorrat, buddeln eine flache Schlafgrube oder eine Höhle zum Schutz ihrer Jungen. Die meisten Hunde beginnen aus Spaß zu graben, wenn sie sich langweilen.

Bellen kann verschiedene Bedeutungen haben. Dieser zwölf Wochen alte Mischling möchte sein Spielzeug haben.

Was kannst du tun?

Am besten bittest du deine Eltern um ein Plätzchen im Garten. Hier darf dein Hund buddeln. Grabe ein Loch und fülle mit Sand gemischte Erde ein. So kann das Regenwasser besser ablaufen und er macht sich nicht allzu schmutzig.

Lass deinen Hund zusehen, wie du ein Loch gräbst und etwas darin versteckst, z.B. einen Kauknochen, einen Hundekuchen oder ein Spielzeug. Dann darf er graben und mit der Belohnung spielen. Verstecke in den nächsten Wochen und Monaten immer wieder etwas an dieser Stelle. Der Trick ist ganz einfach: Wenn dein Hund erwartet, hier etwas zu finden, wird er den restlichen Garten in Ruhe lassen.

Bellen

Warum bellen Hunde?

Es gibt viele Gründe, warum ein Hund bellt: Er kann vor einem Fremden warnen, seine Rudelmitglieder rufen, aus Angst oder Einsamkeit, wenn er wütend ist oder um andere Hunde und Menschen abzuschrecken. Die meisten Hunde bellen auch, wenn sie sich aufregen.

Was kannst du tun?

Achte vor allem darauf, deinen Hund nicht aus Versehen für sein Bellen zu belohnen. Viele Menschen freuen sich oder loben ihren Hund, wenn er zum ersten Mal beim Spielen oder an der Tür bellt. Ganz sicher wird er nun beim nächsten Mal wieder bellen. Lautes Ausschimpfen hat aber auch keinen Zweck, denn dann denkt er, du bellst zurück. Bleib also ruhig und rede leise, wenn dein Hund bellt. Er wird ruhiger werden, um dich verstehen zu können. Lenke einen gelangweilten Hund mit einem interessanten Spielzeug vom Bellen ab.

Für ihn ist alles ein Knabberspielzeug. Gib deinem Hund richtige Kauspielzeuge und er wird deine Sachen in Ruhe lassen.

Dinge wegnehmen

Warum nehmen Hunde Dinge weg?

Aus Spaß! Dein Hund hat gerne Spaß – wie du! Er wird dir immer wieder Dinge wegnehmen, wenn er glaubt, dass du dann mit ihm spielst. Manche jungen Hunde nehmen Dinge weg und rennen davon, um sie anzunagen oder um abzuwarten, was passiert. An kleinen Gegenständen könnte sich dein Hund verschlucken und sich wehtun. Wenn er deine Lieblingsspielzeuge, Bücher oder Schuhe wegnimmt, wird es auch für dich richtig lästig.

Was kannst du tun?

Bring deine Sachen in Sicherheit: Stelle sie so hin, dass sie dein Hund nicht erreichen kann. Alle jungen Hunde mögen Socken, Stifte und Schuhe. Sollte es ihm dennoch gelingen, etwas wegzunehmen, jage auf keinen Fall hinterher. Das wird ihm noch mehr Spaß machen. Rufe ihn lieber zu dir und belohne ihn, wenn er deine Sachen zurückbringt.

➜ Bell-Sprache

In der Bell-Sprache bedeutet ein einfaches, grollendes „Wuff" Alarm. Mit einem einfachen, grollenden „Wuff" alarmiert ein Hund die Mitlieder seines Rudels oder der Familie, und sagt ihnen, dass Gefahr droht. Viele Hunde bellen so, wenn sie sich bedroht fühlen, zum Beispiel wenn sie draußen einen unbekannten Lärm hören. Ignoriere das Bellen einfach, dann hört dein Hund damit auf.

Rasch aufeinander folgendes Bellen heißt gewöhnlich „Bleib weg". So bellen Hunde andere Hunde oder Menschen an, wenn sie Angst haben, oder sich bedroht fühlen. Außerdem bellen Hunde vor Freude oder Aufregung. Dieses Bellen klingt gewöhnlich höher und wird mit Jaulen oder Winseln vermischt.

Manchmal fangen Hunde zu jaulen an, wenn sie sich einsam fühlen. Einige Rassen, wie Bassetts oder Bloudhounds, beginnen bei Erregung eher zu heulen als zu bellen.

➜ Futterdiebe

Es gibt Hunde, die lernen, den Menschen das Essen vom Teller wegzunehmen. Du solltest deinem Hund klarmachen, dass nur du von deinem Teller essen darfst. Gib ihm nie Leckereien, wenn du am Tisch sitzt.

Gemeinschaft, Sicherheit und Respekt

Dein Hund braucht die Gemeinschaft – nur so wird er ein guter Freund. In der Wildnis leben Wölfe oder Hunde in Gruppen, den Rudeln, zusammen. Im Rudel arbeiten sie als Team, sie können größere Beutetiere erlegen und finden Wärme und Freundschaft in der Gemeinschaft.

Werden kleine Wölfe oder Wildhunde in der Wildnis geboren, kümmern sich viele erwachsene Tiere um sie und geben ihnen Sicherheit – so wie deine Eltern, Tanten und Onkel.

Die meisten Haushunde leben nur mit Menschen zusammen, daher sind sie auf die menschlichen Familienmitglieder angewiesen, um Gemeinschaft und Sicherheit zu erleben. Gibt es mehr als einen Hund im Haus, musst du dir große Mühe geben, mit jedem genügend Zeit zu verbringen. Freunde dich gut mit ihnen an.

Die Hunde sollen sich nicht nur untereinander, sondern vor allem auch mit dir gut
verstehen.

Die Zeit mit deinem Hund

Es ist sehr wichtig, dass du viel mit deinem
Hund zusammen bist. Spiele und übe so
oft es geht mit ihm. Stell dir einen Freund
vor, der dich ständig ignoriert, der dauernd
fernsieht oder vor dem Computer sitzt,
statt zu spielen – ihr wärt sicher nicht
lange befreundet! Hunde brauchen die
Gemeinschaft, sie müssen sich bewegen
und spielen. Wenn du deinem Hund jeden
Tag ein bisschen davon gibst, dann setzt er
sich auch manchmal mit dir hin und sieht
fern.

Ruhephasen

Es ist genauso wichtig, deinen Hund ab
und zu in Ruhe zu lassen. Das passiert
ohnehin, wenn du in die Schule gehst oder
bei deinen Freunden bist, aber manchmal
musst du dich auch zu
Hause auf die Schul-
aufgaben kon-
zentrieren oder
deine Freunde
sind zu Besuch
und du möch-
test ohne Hund
mit ihnen spie-
len. Das geht in
Ordnung, denn
auch dein Hund
braucht seine
Ruhephasen. In
den ersten Wochen
und Monaten muss
ein Welpe ohnehin
viel schlafen. Also
braucht er einen
ruhigen Schlafplatz,
an dem er nicht

gestört wird. Aber auch erwachsene Hunde
brauchen diesen Ruheplatz. Denn Hunde
werden nervös und reizbar, wenn sie ständig belästigt werden. Achte also darauf,
dass jeder von euch seine eigene Zeit hat.

Respekt

Die besten Freundschaften bauen auf
Respekt auf. Ihr solltet freundlich miteinander umgehen und auch akzeptieren,
mal nicht gleicher Meinung zu sein. Auch
ein Hund verdient Respekt, und er muss
lernen, dich zu respektieren.

Allerdings gibt es ein paar Regeln im
Umgang mit dem Hund. Stoßen, Ziehen,
Piksen, Schlagen und Brüllen sind out!
Stört dich dein Hund zu sehr, ziehe dich
zurück und mach etwas anderes. Frag
einen Erwachsenen, wenn du nicht sicher
bist, was zu tun ist. Das gilt vor allem,
wenn dein Hund schlecht gelaunt ist. Er
kann dir nicht sagen, wenn er sich schlecht
fühlt oder zu müde ist zum Spielen. Habe
Geduld – jeder ist mal schlecht drauf.

*Viele Hunde
mögen engen
Kontakt und wilde
Spiele, aber auch
sie brauchen
immer wieder
Ruhepausen.*

Spielen

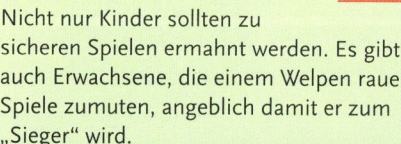

Alle Hunde spielen gern. Wenn du zuschaust, wie Hunde miteinander spielen, wirst du merken, dass sie ganz andere Spiele spielen als du. Hunde halten keine Schläger, werfen keine Bälle und schieben auch keine Computer-Maus hin und her. Sie spielen mit dem Maul, den Pfoten und dem ganzen Körper. Es kommt also darauf an, dass dein Hund versteht, dass du anders spielst als er.

Vielleicht spielt dein Hund mit dir gerne wilde Raufspiele. Das kann ein großer Fehler sein. Wenn du ihm erlaubst, dich beim Spiel in Arme und Beine zu beißen, tut das bei einem kleinen Hund oder Welpen noch gar nicht weh. Aber was ist, wenn er größer wird? Hunde dürfen niemals Menschen beißen! Du kannst nicht erwarten, dass Hunde den Unterschied von Spiel und Ernst verstehen. Sie begreifen nicht, warum sie dich, aber keine anderen Kinder beißen dürfen. Viele Hunde bekommen Schwierigkeiten, weil sie andere Menschen beißen – achte darauf, dass deinem Hund so etwas nicht passiert. Es gibt eine Menge Spiele, die euch beiden Spaß machen und sicher sind (siehe Seiten 82 bis 89). Spiele lieber solche Spiele mit deinem Hund.

An die Eltern
Nicht nur Kinder sollten zu sicheren Spielen ermahnt werden. Es gibt auch Erwachsene, die einem Welpen raue Spiele zumuten, angeblich damit er zum „Sieger" wird.
Wenn Sie sich unsicher fühlen, welche Spiele Sie erlauben sollen, stellen Sie sich folgende Frage: Wären Sie einverstanden, wenn ein erwachsener Hund solche Spiele mit Ihrem Vierjährigen spielen würde? Müssten Sie befürchten, dass das Kind oder seine Eltern Angst bekämen? Dann heißt es STOPP! Das gleiche gilt, wenn der Hund im Spiel mit einem Menschen beginnt, diesen zu zwicken oder zu beißen. Denken Sie sich geeignetere Spiele aus, die keine Gefahren in sich bergen.

Lärm

Manche Hunde sind ruhig, andere bellen gerne. Wenn sich dein Hund schnell aufregt und laut bellt, darfst du auf keinen Fall in den Lärm einstimmen. Hör auf zu schreien, beende das Spiel für eine Weile, bis er sich beruhigt hat, und versuche es später noch einmal.

An die Eltern

!

Es besteht nur ein minimales Risiko, sich bei einem Hund anzustecken, der frei von Parasiten ist. Wenn Sie die Grundregeln der Hygiene und Sauberkeit beachten, droht Ihrer Familie kein Schaden. Stellen Sie sicher, dass der Hund regelmäßig gegen Würmer und Flöhe behandelt wird und machen Sie ihn sauber, wenn er schmutzig nach Hause kommt. Es gibt Kinder mit Hundehaarallergie; richten Sie sich dann nach den Anweisungen ihres Arztes.

Sauberkeit

Normalerweise halten sich Hunde sauber. Sie sind nicht gerne schmutzig und benutzen einen Toilettenplatz, der weit weg von dem Platz liegt, an dem sie schlafen und fressen.

Es gibt ein paar Krankheiten, die ein Hund auf den Menschen übertragen kann, einige werden auch vom Menschen auf Hunde übertragen. Wenn man einige Regeln beachtet, kann man das aber leicht vermeiden:

- ▶ Wasch dir immer deine Hände vor dem Essen.
- ▶ Wasch dir deine Hände, wenn du draußen mit dem Hund gespielt hast.
- ▶ Halte dein Essgeschirr vom Hundenapf fern.
- ▶ Erlaube deinem Hund weder dich im Gesicht zu lecken noch dein Essen zu berühren!

Der zwölf Wochen alte Windhund ist jünger und kleiner als sein Spielkamerad, eine Kreuzung aus Labrador und Golden Retriever. Dennoch gibt er sein Bestes. Obwohl es wild aussieht, haben die beiden Spaß.

Eingewöhnung

Stell dir vor, du hättest niemals dein Haus verlassen, wärst niemals zur Schule gegangen und hättest nie mit Freunden gespielt. Was für ein schreckliches Leben! Genauso geht es manchen Welpen, bis sie in ihre neue Familie kommen. Plötzlich gibt es lauter neue Dinge:

Hundebabys und junge Hunde sollen vielen verschiedenen Dingen begegnen – viele unterschiedlichen Menschen ...

Fernseher, das Geräusch von Menschen, Verkehr und der Geruch anderer Tiere. Das muss ein richtiger Schock sein!

Nur wenn ein Welpe Selbstvertrauen hat, kann er freundlich und entspannt mit Menschen, Hunden und all den merkwürdigen Dingen umgehen, die er jetzt sieht und hört. Dazu muss er sich an alles gewöhnen. Zeig ihm so viele Dinge wie möglich. Ist er erst einmal zu alt, wird er sich vor allem Neuen immer wieder erschrecken.

Es kommt also einiges auf dich zu. Jeden Tag muss dein Hund etwas oder jemanden Neues kennen lernen. Das können Dinge im Haus oder draußen sein, z.B. andere Hunde oder Kinder auf einem Fahrrad. Achte aber darauf, dass deinem Hund nichts passieren kann; eine schlimme Erfahrung ist schlechter als gar keine.

Eingewöhnung zu Hause

Auch wenn dein Welpe noch nicht alle Schutzimpfungen bekommen hat, kannst du schon eine Menge tun. Frag die Eltern deiner Freunde, ob du sie mit dem Hund besuchen darfst; oder lade alle deine Freunde ein, damit sie deinen Hund kennen lernen. Ein Welpe darf ruhig die Hunde deiner Freunde kennen lernen, wenn sie freundlich sind. Wichtig ist, dass die anderen schon geimpft wurden.

Checkliste für die Eingewöhnung

Wie viele dieser Dinge kann dein Welpe innerhalb einer Woche kennen lernen?

Im Haus

- ▶ Die eingeschaltete Waschmaschine und den Trockner hören und sehen.
- ▶ Den Staubsauger hören und sehen.
- ▶ Das Telefon hören.
- ▶ Den Fernseher hören und sehen.
- ▶ Dem Gespräch von Menschen lauschen.

- ▶ Dem Gesang von Menschen zuhören.
- ▶ Beobachten, wie Besucher kommen und gehen.

Drinnen und draußen

- ▶ Männer und Frauen treffen.
- ▶ Einen bärtigen Mann treffen.
- ▶ Einen Brillenträger treffen.
- ▶ Jemanden mit einem Hut treffen.
- ▶ Jemanden mit einem Schutzhelm treffen.
- ▶ Jemanden mit einem Stock treffen.
- ▶ Jemanden mit einem Schirm treffen.
- ▶ Fünf verschiedene Jungen und Mädchen treffen.

Andere Hunde treffen

- ▶ Große und kleine erwachsene Hunde treffen.
- ▶ Schwarze oder braune erwachsene Hunde treffen.
- ▶ Helle oder weiße erwachsene Hunde treffen.
- ▶ Einen anderen Welpen treffen.

... und sie müssen mit merkwürdigen Situationen fertig werden.

Andere Tiere treffen

▶ Ein Pferd treffen.

▶ Eine Katze treffen.

▶ Viele andere Tiere treffen.

Unterwegs sein

▶ Im Auto fahren.

▶ Mit dem Bus fahren.

▶ Mit dem Zug oder der U-Bahn fahren.

▶ Mit einem Boot fahren.

Draußen

▶ Einen Kinderwagen oder Einkaufswagen sehen.

▶ Einen Traktor oder Lastwagen sehen.

▶ Über eine Grasfläche gehen (Park oder Feld).

▶ Eine Fußgängerzone mit Geschäften entlang gehen.

▶ An einer Straße spazieren gehen.

▶ Ein anderes Haus oder einen fremden Garten besuchen.

▶ In einen Laden gehen, wo Hunde erlaubt sind.

▶ Vor einem Supermarkt stehen (binde deinen Hund aber nicht an und lass ihn einfach allein).

➲ Mutig werden

Wenn dein Welpe zum ersten Mal etwas Neues sieht, kann er erschrecken. Obwohl du ihn am liebsten in den Arm nehmen würdest, solltest du warten, bis er wieder mutiger wird, dann kannst du ihn streicheln und loben.

Je mehr Menschen und andere Hunde er trifft, desto tapferer wird er. Schließlich wird es ihm Spaß machen, mit dir loszuziehen, und er wird deine Freunde genauso gerne treffen wie du.

Jeder dieser neun Welpen ist acht Wochen alt, sieht aber ganz anders aus. Stell dir vor, du wärest einer von ihnen und würdest einem der anderen acht auf der Straße begegnen. Alle Hunde wurden neben demselben Schuh fotografiert, damit du ihre Größe besser vergleichen kannst.

Saluki

Englischer Springer-Spaniel

Spaniel-Spitz-Mischling

Border Collie

Yorkshire Terrier

Andere Hunde treffen

Dein Hund soll viele andere Hunde treffen, solange er noch jung ist. Er wird ihre Sprache lernen und gerne mit ihnen spielen. Zuerst werden ihm die anderen Rassen noch sehr merkwürdig vorkommen. Schließlich wird er lernen, dass andere Hunderassen anders aussehen, klingen, riechen und sich sogar anders benehmen als er – aber es sind doch alles Hunde!

Stell dir vor, wie sich ein winziger Yorkshire Terrier fühlt, der zum ersten Mal einen Deutschen Schäferhund sieht. Immerhin ist der viereinhalbmal größer!

Manche Hunde hören sich auch anders an. Basenjis und andere Rassen bellen nicht, sondern machen ungewöhnlich klingende Jodellaute.

Manche Hunde haben aufrechte, andere Schlappohren.

Am Schwanz kann man ablesen, wie sich ein Hund fühlt. Allerdings gibt es ganz unterschiedliche Schwänze, z.B. die langen Haare eines Golden Retrievers oder den Stummelschwanz eines Mopses.

Manchmal muss sich ein Hund auch an die Länge und Art des Fells gewöhnen. Während ein Altenglischer Schäferhund aussieht wie ein wandelnder Teppich, ist der Mexikanische Nackthund völlig kahl.

Und dann gibt es noch die Hunde, die ganz anders aussehen, wie die exotischen Lhasa Apsos, Chow-Chows oder Shar Peis.

> ### ➡ Begegnungen an der Leine
> Auf deinen Spaziergängen kannst du versuchen, deinen Hund an einem sicheren Platz von der Leine zu lassen. So trifft er andere Hunde. Das geht aber auch bei sehr locker gehaltener Leine. Ist sie zu stramm, könnte sich dein Hund fürchten, weil er glaubt, die Leine lässt ihm keine Fluchtmöglichkeit. Vielleicht merkt er sich auch, dass er bei Begegnungen mit anderen Hunden immer einen Zug am Hals spürt.

Deutscher Schäferhund

Schnauzer

Cavalier King Charles Spaniel

Patterdal-Jack-Russell-Terrier-Mischling

Der Umgang mit dem Hund

Du musst deinen Hund überall berühren können.

Streicheln

Die meisten Hund lassen sich gerne streicheln und tätscheln. Man muss es nur richtig machen. Stell dir vor, jemand würde dir den ganzen Tag lang auf den Kopf hauen. Das wäre nicht nur doof, sondern du bekämst wahrscheinlich auch Kopfweh.

Hunde lieben es, sanft gestreichelt zu werden, am liebsten an Bauch und Brust. Kitzele sie mit den Fingerspitzen und streichele sanft mit der flachen Hand. Hör sofort auf, wenn sich ein Hund windet oder versucht, dich zu beißen.

Viele Hund zeigen, wenn sie gestreichelt werden wollen – sie legen sich dann auf den Rücken und bieten ihren Bauch an. Vielleicht gelingt es dir, deinem beizubringen, wie man sich auf Kommando auf den Rücken dreht?

Merke dir gut, wo dein Hund am liebsten gestreichelt wird. Wenn du seine Aufmerksamkeit möchtest, kannst du ihn genau dort streicheln.

➲ Versuche herauszufinden, was deinem Hund am besten gefällt:

1. Kitzle ihn auf der Brust zwischen den Vorderbeinen und pass gut auf. Wenn er das mag, wird er sich noch näher an dich kuscheln.
2. Jetzt streichle seine Schultern und Flanken. Windet er sich und versucht zu fliehen? Wenn ja, dann möchte dein Hund hier nicht gestreichelt werden – du musst eine bessere Stelle finden.
3. Streichle deinen Hund am Rücken. Die meisten mögen es nicht, wenn man sie im Gesicht, auf dem Kopf oder am Schwanz streichelt. Du kannst ihm einen Leckerbissen anbieten, wenn du ihn dort berührst.

auf dem Boden steht. Manchmal versucht ein Hund zu springen, weil er denkt, der Boden sei schon ganz nah, und tut sich dabei weh.

So hältst du deinen Hund sicher fest

Viele Hund mögen es gar nicht, wenn man sie hochhebt oder auf dem Arm trägt. Daher solltest du auch einen Welpen nur dann hochheben, wenn es wirklich nötig ist und ein Erwachsener dir dabei hilft. Hunde können sich sehr leicht herauswinden und aus deinen Armen springen. Dabei könnten sie sich verletzen, sei also bitte sehr vorsichtig. Es kommt darauf an, dass sich dein Hund sicher fühlt, und du sein ganzes Gewicht unterstützt.

1. Lege eine Hand unter die Brust des Hundes, deine Finger liegen zwischen den Vorderbeinen.
2. Die andere Hand unterstützt ihn von unten und hält das Hinterteil (siehe das Bild oben rechts).
3. Nun kannst du den Hund hoch- und in deinen Schoß heben. Wenn du ihn trägst, drücke ihn sicher an deine Brust. Sei besonders vorsichtig, wenn du ihn wieder auf den Boden setzen willst. Halte ihn so lange sicher fest, bis er wieder

➲ So hältst du deinen Welpen
Du bist
4 bis 7 Jahre alt: Heb deinen Welpen besser nicht hoch, sondern bitte einen Erwachsenen um Hilfe.
7 bis 10 Jahre alt: Nimm ihn nur hoch, wenn ein Erwachsener dabei ist und dir dabei helfen kann.
10 bis 14 Jahre alt: Nimm ihn nur hoch, wenn es wirklich nötig ist, und halte dich genau an die Regeln für sicheres Halten.

An die Eltern
Wird ein Welpe fallen gelassen oder so gehalten, dass er sich unwohl oder ängstlich fühlt, kann er irreparablen physischen und psychischen Schaden erleiden – möglicherweise auch Ihr Kind. Halten Sie Ihr Kind dazu an, den Hund auf dem Boden zu kämmen oder zu untersuchen; oder – wenn Sie den Hund vorsichtig hochheben – auf einer rauen Unterlage.

So untersuchst du deinen Hund

Wenn du dein Hund jeden Tag untersuchst, fallen dir alle Veränderungen sofort auf, z.B. wenn er sich unwohl fühlt oder einen Kratzer hat. Mit einer solchen Untersuchung bereitest du ihn gleichzeitig auf den Tierarztbesuch vor. Wenn du ein Spielzeug-Stethoskop hast, kannst du sogar sein Herz „abhören".

➔ So hältst du deinen Welpen ruhig

Auch wenn dein Welpe noch so quirlig ist, darfst du ihn nie an der Haut, am Haar oder Schwanz festhalten. Am besten nimmst du ihn am Halsband oder der Leine, wenn er stillstehen soll.

Denk daran, dass das Halsband gut passen muss – am Hals ist ein Welpe sehr empfindlich. Wenn du zu fest an Halsband oder Leine ziehst, tust du ihm weh. Du kannst viel erreichen, wenn du ihn mit einem Leckerbissen oder Spielzeug belohnst, wenn er dir gehorcht.

Schau dir deinen Hund jeden Tag an und achte darauf, ob er gesund ist.

➔ Wichtig!

Bevor Peter seinen Hund, so wie hier auf den Bildern, untersuchen darf, wird er von seiner Mutter hochgehoben. Wenn Peter allein ist, untersucht er den Hund auf dem Boden.

So werden die Vorderpfoten untersucht ...

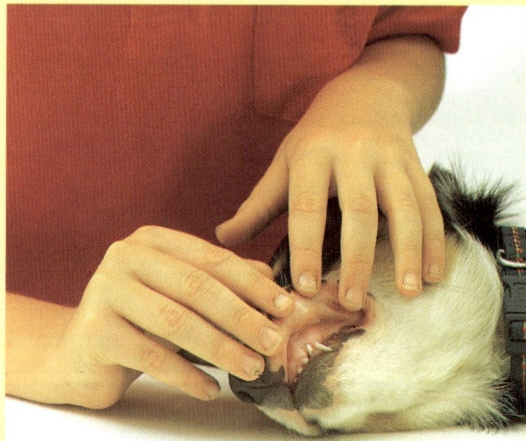

... und so die Zähne.

Von Kopf bis Fuß

1. Schau deinem Hund zuerst in die Augen, das geht auch, wenn er steht. Lenke ihn mit einem Spielzeug oder Leckerbissen ab.
2. Nimm dir dann die Ohren vor. Hebe die Ohrmuscheln an und schaue in den Gehörgang. Lobe ihn, wenn er sich ruhig verhält.
3. Hebe dann seine Lefzen – das sind seine Lippen – an, erst auf einer, dann auf der anderen Seite. Dann kannst du vorsichtig sein Maul öffnen und Zunge und Kehle anschauen. Sei sehr vorsichtig. Lobe ihn

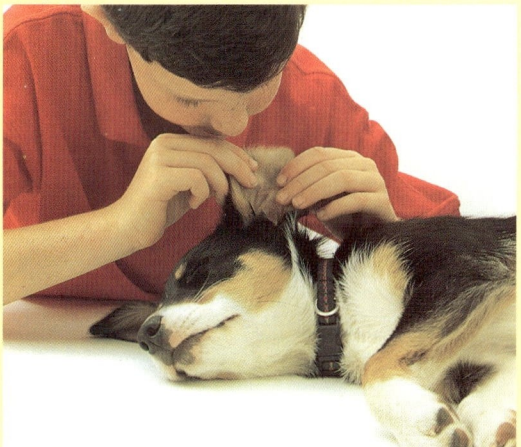

Schau dir die Ohren an.

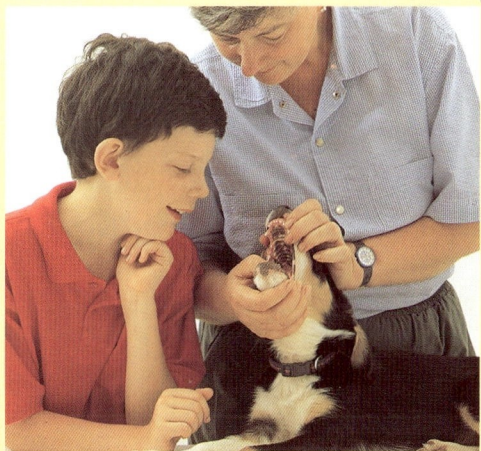

Öffne das Maul und sieh dir seine Zunge an.

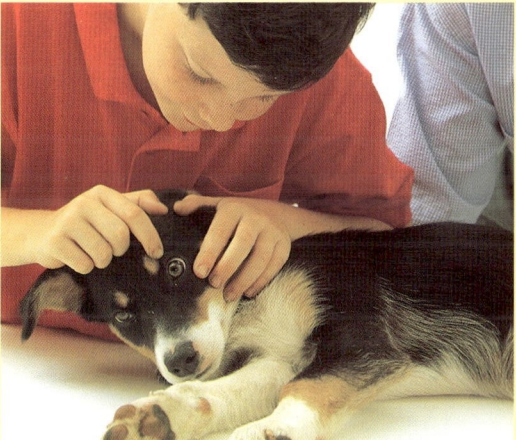

So werden die Augen untersucht ...

... und so die Hinterpfoten.

und belohne ihn mit einem Leckerbissen, wenn er brav war.

4. Jetzt kommen Hals und Schultern dran. Taste jeden Zentimeter von Haut und Fell ab, von oben bis zu den Pfoten. Hebe die Vorderpfoten an und untersuche die Krallen. Danach hebst du sein Bein vorsichtig an und schaust dir den Fußballen (die Fußsohle) an.

5. Geh zurück zu den Schultern und bewege deine Hände über das Fell bis zu den Hüften, dabei kannst du die Rippen fühlen. Spürst du sie?

6. Taste die Hinterbeine ab, außen und dann innen. Du kannst die Beine nacheinander anheben und sie sorgfältig überprüfen.

7. Schließlich wird noch einmal der ganze Körper gestreichelt, vom Kopf bis zur Schwanzspitze.

Sei immer sehr sanft und vorsichtig, wenn du deinen Hund untersuchst. Wenn er sich ruhig verhalten oder mitgeholfen hat, spielt ihr zusammen mit seinem Lieblingsspielzeug.

Fellpflege

Für deinen Hund ist die Fellpflege genauso wichtig wie das Duschen für dich. Hunde müssen regelmäßig gebürstet oder gekämmt werden, sonst wird ihr Fell matt, die Haut krank und sie riechen unangenehm. Die Haut eines Hundes bildet ein Öl, damit die Haare glänzend und wasserdicht bleiben. Wird das Fell nicht sauber gehalten, beginnt es zu stinken.

Ein sauberer und ordentlicher Hund fühlt sich wohl – genau wie du. Auch ein kurzhaariger Hund muss regelmäßig gebürstet werden. Die Ohren sollten sauber, die Zähne gebürstet und die Krallen ordentlich sein, manchmal ist auch ein Bad dringend nötig!

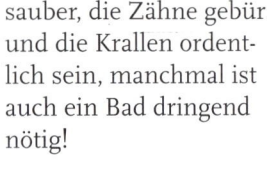

Alle Hunde brauchen Fellpflege, langhaarige Rassen müssen aber häufiger gekämmt werden.

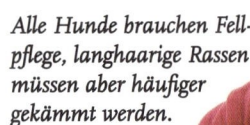

So pflegst du das Fell

Achte darauf, dass die Hundebürste zum Fell deines Hundes passt. Bürste es vorsichtig, immer in Richtung des Fells. Langhaarige Hunde werden gleichmäßig von oben nach unten gebürstet. Versuche nicht, an einem Knoten oder einer verfilzten Stelle zu reißen, sondern löse sie vorsichtig mit einem Kamm. Vielleicht hilft dir auch ein Erwachsener.

Dabei sollte dein Hund stehen. Nimm einen Leckerbissen in die Hand und lenke ihn ab. Dann bürstest du ihn am ganzen Körper. Lobe ihn, weil er so brav ist. Wenn du ihn ein paarmal gebürstet hast, klappt es wahrscheinlich auch ohne Belohnung. Du darfst ihm aber trotzdem etwas geben, wenn du fertig bist.

Kämmen

Das feine Haar um das Gesicht und die Ohren wird gekämmt. Sei vorsichtig und verletze deinen Hund nicht an der Haut oder den Augen.

Ohren säubern

Auch die Ohren deines Hundes müssen regelmäßig gesäubert werden. Reibe die Außenseiten der Ohrmuscheln und alle sichtbaren Teile vorsichtig mit einem weichen Tuch ab, wenn nötig auch mit feuchter Watte. Stecke ihm aber niemals etwas ins Ohr – auch das kleinste Wattestück oder ein Ohrstäbchen könnten sein Trommelfell verletzen. Fallen dir braune Flecken im Ohr auf oder riechen die Ohren nicht gut, könnte dein Hund krank sein. Dann musst du einem Erwachsenen Bescheid sagen und mit dem Hund zum Tierarzt fahren.

Zähne putzen

Alle Hunde brauchen saubere Zähne – wie du. Wenn du deinen Hund früh daran gewöhnst, ist das Putzen gar nicht schwie-rig. Es gibt besondere Hundezahnpasta mit den richtigen Zutaten – sie schäumt zwar nicht und schmeckt auch nicht nach Minze, dafür aber wie Hühnchen oder Leber!

Du kannst dir auch etwas Zahnpasta auf den Finger schmieren oder eine Finger-bürste – das ist eine Zahnbürste, die man sich auf den Finger steckt – benutzen. Reibe damit vorsichtig über Zähne und Zahnfleisch deines Hundes. Reibe vom Kiefer zur Zahnspitze und von vorne bis hinten. So werden alle Nahrungsreste ent-fernt und das Zahnfleisch massiert.

Bis sich dein Hund daran gewöhnt hat, solltest du seine Zähne immer nur ein paar Sekunden lang putzen. Gib ihm so-fort eine Belohnung, wenn er ruhig und still war. Irgendwann erlaubt dir dein Hund sicher, alle Zähne auf einmal zu putzen.

➜ Bürsten

Es gibt viele Bürsten für die Fellpflege ei-nes Hundes. Welche du brauchst, richtet sich nach der Länge der Haare, vor allem aber muss sich dein Hund wohl fühlen, wenn du ihn bürstest.

Ideal sind Bürsten aus Gummi. Damit massierst du ihn, kämmst das Haar und ziehst abgestorbene Haare aus dem Fell. Wenn du bei einer neuen Bürste nicht ganz sicher bist, probiere sie an deiner ei-genen Hand aus.

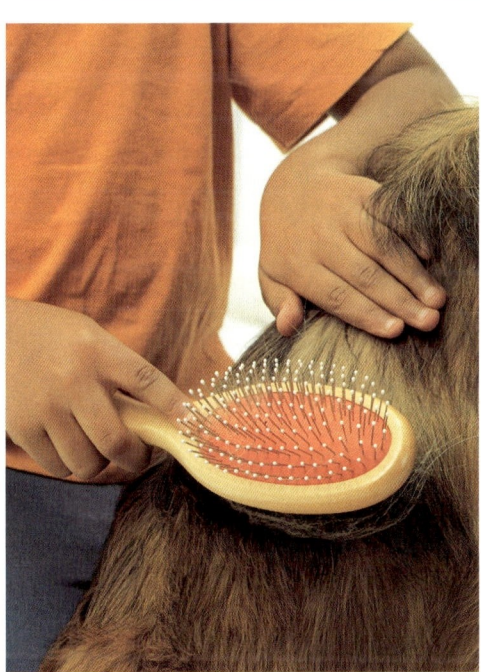

Bürste und Kamm übernehmen unterschiedliche Aufgaben, genau wie bei deinem Haar.

Links siehst du verschiedene Kämme und Bürsten.

links: Hunde halten ihre Zähne durch Kauen sauber. Achte darauf, dass die Kauspielzeuge sicher sind und Spaß machen – echte Knochen können gefährlich splittern.

rechts: Reibe deinen Hund am ganzen Körper trocken. Ein feuchter Hund kann sich erkälten, genau wie ein Mensch.

Baden

Anders als Menschen müssen Hunde nur ganz selten gebadet werden – außer sie haben sich besonders schmutzig gemacht!

> ### ➔ Hundehaare
> Hundefell besteht aus unterschiedlich langen und dicken Haaren. Nur innen an den Hinterbeinen, am Maul und unter den Fußsohlen haben Hunde keine Haare. Manche haben sehr haarige Ohren, dieses Haar muss regelmäßig geschnitten werden.

> ### ➔ Haarlos!
> Es gibt nur wenige Hunde, die ganz ohne Haare geboren werden. Solche „Nackthunde" waren früher Zufälle der Natur, werden heute aber gezüchtet. Der Chinesische Nackthund muss vor Sonne und Kälte geschützt werden. Er kann sogar Pickel bekommen.

Wenn du deinen Hund zu häufig badest, schädigst du Haut und Fell.

Beim Baden brauchst du folgende Dinge:

- ▶ Ein Erwachsener sollte dir helfen, den Hund anzuheben und zu halten.
- ▶ Eine Wanne oder Becken, je nach Größe deines Hunds.
- ▶ Spezielles Hundeshampoo.
- ▶ Warmes Wasser und einen Plastikkrug oder einen feinen Schlauch, um deinen Hund sauber zu spülen.
- ▶ Viele Handtücher, um ihn zu trocknen
- ▶ Bürste und Kamm, damit dein Hund wieder toll aussieht.

Die meisten Hunde baden nicht gerne, denn es gehört nicht zu ihrem natürlichen Verhalten – wilde Hunde schwimmen und paddeln, haben aber kein Shampoo. Du musst also sehr ruhig und geduldig sein. Hinterher bist du wahrscheinlich genauso nass wie dein Hund! Trage das Shampoo erst auf, wenn dein Hund am ganzen

Hund mit Handtüchern völlig trocken gerieben. Pass auf, er will sich bestimmt schütteln! Manche Leute sagen, Hunde schütteln sich nur, wenn ihr Kopf nass wird – vielleicht wäschst du seinen Kopf als letztes.

Abtrocknen

Es ist ganz wichtig, dass du deinen Hund nach dem Bad gründlich abtrocknest, sonst könnte er sich erkälten. Bei warmen Wetter kannst du ihn im Freien abtrocknen. Danach hältst du ihn mit einem Bewegungsspiel warm. Es gibt Hunde, die sich gerne föhnen lassen, andere hassen es. Wenn dein Hund den Föhn nicht mag, solltest du darauf verzichten und dir lieber mehr Mühe mit den Handtüchern geben.

unten: Schon besser! Gut eingewickelt, kuschelig und warm – jetzt wäre ein Schläfchen nicht schlecht.

Körper nass ist. Löse etwas Shampoo in warmem Wasser auf und übergieße ihn damit, dann vorsichtig einmassieren. Das Shampoo sollte ihm möglichst nicht in Augen und Ohren gelangen – du weißt selbst, wie unangenehm das ist.

Danach muss dein Hund gründlich mit sauberem, warmem Wasser abgespült werden. Wiederhole das Spülen so lange, bis nur noch sauberes Wasser abfließt. Reste von Shampoo könnten seine Haut reizen. Sobald das Fell völlig frei von Shampoo und Schaum ist, bitte einen Erwachsenen, den Hund aus dem Bad zu heben. Jetzt wird der

Zuwendung

Brauchen Hunde Zuwendung?

Nur wenn sich Hunde geliebt fühlen, können sie sich mit ihrer menschlichen Familie anfreunden. Nur so lernen sie, auch mit anderen Menschen umzugehen. Zuwendung heißt: Schau deinen Hund an, berühre ihn, rede mit ihm und spiele mit ihm. Zeig ihm, dass du bestimmte Dinge gut findest, und ignoriere ihn, wenn er sich schlecht benimmt.

Ansehen

Schon wenn du ihn ansiehst, fühlt sich dein Hund beachtet und wedelt mit dem Schwanz. Du kannst ihn also schon dadurch belohnen, dass du ihn ansiehst. Starre ihm aber niemals lange in die Augen. Stellt dein Hund etwas an, was du nicht magst, wende dein Gesicht ab und beachte ihn überhaupt nicht.

Beobachte deinen Hund, wenn du mit ihm schmust. Fühlt er sich wohl?

Reden

Die meisten Hunde mögen den Klang einer vertrauten Stimme, auch wenn sie nicht verstehen, was gesagt wird. Hunde verstehen kein Deutsch, reagieren aber auf deinen Tonfall. Versuche immer sanft und leise mit deinem Hund zu reden. Achte einmal darauf, wie gern er dir dann zuhört. Wenn du dagegen schreist, reagiert er sicher ängstlich und erschrocken. Das Brüllen eines Menschen halten Hunde wahrscheinlich für Bellen.

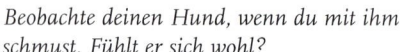

> **➲ So berührst du deinen Hund**
> Übe, wie man einen Hund anfasst (siehe Seite 40), damit du weißt, wo er sich gerne berühren lässt. Lass die unangenehmen Stellen lieber weg. Fast alle Hunde lassen sich gerne an Brust und Bauch streicheln.

Dein Hund muss auch lernen, einmal nicht beachtet zu werden. Das ist genauso wichtig wie miteinander zu spielen.

So machst du es richtig

Wenn du Zeit hast, solltest du dich immer auf deinen Hund konzentrieren. Beim Anziehen oder wenn du mit Freunden spielst, reicht es, darauf zu achten, dass er nichts falsch macht, z.B. an dir hochspringt.

Es mag hart klingen, aber manchmal musst du deinen Hund ignorieren. Damit zeigst du ihm, dass er sich nicht richtig verhält. Will er dich mit Bellen aufmerksam machen, wenn du dich auf die Hausaufgaben konzentrierst oder mit einem Freund telefonierst? Nun wäre es leicht, zu rufen oder den Hund anzuschreien. Er kann aber gar nicht verstehen, was du sagst. Was also wird er denken? Du siehst ihn an, redest mit ihm, vielleicht fasst du ihn sogar an – offenbar gefällt dir, was er gerade macht! Also wird dein Hund sich auch in Zukunft wieder so verhalten, weil er damit deine Aufmerksamkeit erregt hat!

Lässt du ihn jedoch einfach links liegen, merkt er, dass du nicht magst, was er gerade tut. Schnell hört er damit auf.

➔ So kannst du deinen Hund ignorieren

1. Sei ein guter Schauspieler. Dreh dich weg oder tu so als würdest du ihn nicht sehen.
2. Kreuze deine Arme, damit er dich nicht anstupsen kann.
3. Sieh weg, an die Decke oder in den Himmel. Dann kannst du ihn nicht anschauen.
4. Bleibe völlig ruhig oder – wenn du gerade mit jemandem redest – rede einfach weiter.
5. Sobald dein Hund mit dem Verhalten aufhört, das du nicht leiden kannst, dreh dich wieder um und tu so, als wäre nichts geschehen. Jetzt kannst du dich wieder mit deinem Hund beschäftigen.

Spiele mit deinem Hund

Ein neun Wochen alter Welpe spielt mit einem gefüllten Kauspielzeug.

Jede Menge Ideen

Es gibt viele Möglichkeiten, mit einem Hund zu spielen. Hunde stecken voller Energie und auch deiner wird es lieben, wenn du mit ihm spielst – und dir macht es sicher genauso viel Spaß!

Für die meisten Spiele brauchst du ein Spielzeug. Es gibt viele sichere Hundespielzeuge, am wichtigsten sind Kau- und Zerrspielzeuge sowie Bälle. Einige musst du im Zoofachhandel kaufen, andere kannst du selbst basteln.

Kauspielzeug

Alles, worauf dein Hund ohne Gefahr herumkauen kann, ist ein Kauspielzeug. Auch Schuhe, Möbel und deine eigenen Spielzeuge sind Kauspielzeuge – dein Hund kennt keinen Unterschied! Nur wenn ihm seine eigenen Spielsachen besser gefallen als deine, wird er deine Sachen in Ruhe lassen.

Ganz oben auf der „Hundewunschliste" stehen hohle, kegelförmige Kauspielzeuge. Sie werden mit Leckerbissen gefüllt, die man essen oder ablecken kann.

Wenn es dir gelingt, das Kauspielzeug richtig voll zu stopfen, kann sich dein Hund sehr lange damit beschäftigen. Erst wenn das Spielzeug völlig leer ist, wird er davon ablassen. Solche Spielzeuge finden Hunde unwiderstehlich: Sie dürfen kauen und werden noch dafür belohnt!

Denselben Zweck erfüllen auch andere hohle Dinge, die du mit Hundekuchen füllen kannst.

➲ Gefülltes Spielzeug

1. Quetsche zuerst etwas weichen Käse in die Öffnung des hohlen Spielzeugs. Das kann dein Hund durch die Öffnung riechen.
2. Schmiere noch etwas weiches Dosenfutter dazu, das kann dein Hund auflecken.
3. Stecke einige größere Hundekuchen hinein. Sie sollten ganz fest sitzen, damit sich dein Hund anstrengen muss, um sie herauszubekommen.
4. Gib noch etwas Käse oder feuchtes Futter hinzu, damit alles verklebt. Zum Schluss kommen noch einige kleinere Futterstückchen dazu, die leicht herausfallen.
5. Gib deinem Hund das Spielzeug. Nun kannst du spielen oder fernsehen – ohne Störung!

Fülle ein Kauspielzeug mit Käse und anderen Leckereien – das ist für einen Hund einfach unwiderstehlich.

Dieser elf Wochen alte Welpe hat gerade die Spielzeugkiste entdeckt. Alle Spielzeuge auf dieser Seite eignen sich für Hunde, wenn jemand dabei ist.

Zerrspielzeug

Du und dein Hund sollten nur mit Zerr-spielzeug spielen, wenn ein Erwachsener in der Nähe ist. Baumwollseile, Bälle mit Sei-len oder Seilknoten sind dafür am besten

geeignet. Dei-nem Hund macht es jede Menge Spaß, hin-ter diesen Dinge her-zujagen, sie zu fangen und mit dir um die Wette zu ziehen. Damit nichts passieren kann müsst ihr euch aber an einige Regeln halten.

Wenn du jünger als zehn Jahre bist, solltest du keine Zerrspiele mit deinem Hund spielen!

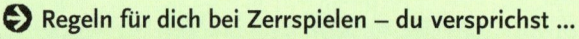

> **➲ Regeln für dich bei Zerrspielen – du versprichst ...**
> 1. nur zu spielen, wenn ein Erwachsener in der Nähe ist, der helfen kann.
> 2. viel Spaß und Spannung zu haben, aber nicht laut zu schreien.
> 3. das Spielzeug schnell über den Boden zu ziehen, damit es dein Hund bemerkt, es ihm aber nicht ins Gesicht schleudern.
> 4. deinem Hund beizubringen, das Spielzeug ohne Streit wieder loszulassen.
> 5. das Spielzeug während des ganzen Spiels immer tief zu halten.
> 6. deinen Hund nicht auf den Kopf zu schlagen oder ihn zu verletzen.

> **➲ Regeln für deinen Hund bei Zerrspielen**
> 1. Dein Hund darf niemals dich oder deine Kleider mit den Zähnen packen. Passiert es trotzdem, hört das Spiel sofort auf.
> 2. Dein Hund muss das Spielzeug sofort loslassen, wenn du es ihm mit leiser Stimme sagst (siehe nächste Seite).
> 3. Dein Hund muss mit allen vier Beinen am Boden bleiben und darf dich nicht anspringen.
> 4. Dein Hund soll Spaß haben, muss sich anschließend aber wieder beruhigen.

Quietschende Spielzeuge sind lustig, vor allem für Terrier.

Zerrspiele – mach es richtig

Hunde jagen gerne hinter Spielzeugen her, daher lieben sie Zerrspiele. Bewege das Spielzeug über den Boden, ziehe es vor den Augen deines Hundes hin und her. Tu so, als würde das Spielzeug leben, und versuche wegzulaufen. Sobald dein Hund losrennt, kannst du versuchen, schneller zu sein – bis er das Spielzeug fängt.

Wenn dein Hund das Spielzeug gefangen hat, darfst du leicht daran ziehen. Schnappt er aber nach dir statt dem Spielzeug oder beginnt zu knurren, hörst du sofort auf und gehst weg. Nach dem Spiel kannst du deinem Hund einen Leckerbissen anbieten. Während er frisst, nimmst du ihm das Spielzeug vorsichtig weg. Wenn er seine Leckerei gefressen hat, spielt ihr weiter.

Wiederhole solche Spiele ein paarmal, dann sage ruhig „Aus!" oder „Lass fallen!", bevor du ihm etwas zu essen gibst. Irgendwann wird dein Hund begreifen, was du meinst: „Lass das Spielzeug fallen und warte auf ein Leckerchen." Nach ein paar Spielen brauchst du dann keine Leckerbissen mehr. Wie wäre es mit einem Spiel als Belohnung?

An die Eltern

Sehr wichtig!
Zerrspiele sind nur dann sicher, wenn der Hund gelernt hat, das Spielzeug auf ein einzelnes, ruhiges Kommando hin sofort loszulassen.
Alle Zerrspiele sollten stets überwacht werden. Schreiten Sie sofort ein, wenn sich das Kind oder der Hund zu sehr aufregt. Ist Ihr Kind noch klein oder der Hund sehr groß, sollten Sie andere Spiele vorschlagen, z.B. ein Spielzeug verstecken und suchen.

➲ Sicherheit ist wichtig!

Stöcke sind keine sicheren Spielzeuge. Du solltest sie nicht wegwerfen und holen lassen. An Stöcken kann sich dein Hund in Maul und Kehle sehr verletzen, Gummispielzeuge sind besser.
Auch Bälle können Spaß machen, sie sollten aber größer sein als Tennisbälle. Dein Hund könnte einen Tennisball oder kleineren Ball verschlucken, der auch im Hals stecken bleiben kann.
Hunde, vor allem Terrier, mögen quietschende Spielzeuge. Achte darauf, dass dein Hund das Spielzeug nicht zerreißt und den quietschenden Teil verschluckt.

Fußball

Fußball mit einem Hund zu spielen macht richtig Spaß. Achte aber darauf, dass dein Hund den Ball nicht zerbeißen kann, und nimm einen, den er nicht mit dem Mund hochnehmen kann. Sei vorsichtig, wenn du den Ball kickst, und trete ihn nie in Richtung deines Hunds. Es wäre toll, wenn du ihm beibringst, den Ball mit der Nase zurückzugeben. Auf der Seite 86 wird gezeigt, wie du das mit deinem Hund üben kannst.

Frisbee

Es gibt Hunde, die perfekt Frisbeescheiben fangen! Das braucht aber viel Zeit und Übung. Am Anfang solltest du einem Welpen nur beibringen, die Scheibe zu holen, wenn du sie wirfst. Erst später, wenn er größer ist, kann er üben, hochzuspringen und die Scheibe im Flug zu fangen.

Versteckspiel

Verstecken ist ein wunderbares Spiel.Sogar deine Freunde können mitspielen. Zuerst musst du deinem Hund beibringen, ruhig sitzen oder liegen zu bleiben (siehe Seite 64).

Während dein Hund wartet, rennst du weg und versteckst dich in der Nähe. Sobald du im Versteck bist, rufst du nach ihm, aber nur einmal. Jetzt muss er dich suchen – keine Angst, er wird dich rasch finden! Belohne ihn mit Streicheln oder einem Leckerbissen, dann möchte er dieses Spiel gleich noch mal spielen.

Verbotene Spiele

Alle Kampfspiele oder Spiele, bei denen dich dein Hund an den Kleidern packt oder knurrt, sind absolut verboten! Vielleicht

„Gib ab!" Fußball ist nicht nur ein gutes Training für deinen Hund, dabei lernt er auch, zu gehorchen.

Wenn sie etwas üben und größer werden, lernen manche Hunde, wie man eine Frisbeescheibe fängt. Ziele aber nie direkt auf deinen Hund, sondern werfe den Frisbee weg und lass ihn hinterherjagen.

sehen sie zuerst lustig aus, aber denk auch an den Zeitpunkt, wenn dein Hund erwachsen ist – dann hast du ein echtes Problem. Spiele nur sichere Spiele!

Dein Hund darf dich nicht jagen. Sobald er im Spiel versucht, hinter dir herzulaufen, deine Kleidung zu packen oder dich zu beißen, bleib sofort stehen. Auch ein Jagdspiel macht sicher Spaß, solange ein Hund

klein ist. Irgendwann wird er aber größer und stärker sein. Die meisten erwachsenen Hunde können dich leicht überholen, zu Fall bringen oder umwerfen. Das ist besonders schlimm, wenn dein Hund später ein anderes Kind im Park angreift – dann bekommt ihr große Schwierigkeiten.

Andererseits solltest auch du niemals hinter ihm herlaufen, besonders wenn er etwas weggenommen hat. Dann glaubt er nämlich, dass es lustig ist, Dinge wegzunehmen. Also wird er genau das immer wieder tun. Hunde können lernen, Dinge zu verstecken oder sie zu verteidigen, und auch das kann später viel Ärger machen.

Schon ein neun Wochen alter Welpe kann lernen, ein Spielzeug zurückzubringen.

So fütterst du deinen Hund

Auch Hunde haben Lieblingsspeisen. Allerdings darfst du deinem Hund niemals etwas von deinem eigenen Essen geben, sonst könnte er sich den Magen verderben. Es gibt viele verschiedene Sorten von Hundefutter. Schau dir nur die langen Reihen von Dosen, Paketen und Beuteln in den Supermarktregalen an.

In der ersten Zeit bekommt ein Welpe dasselbe Futter wie beim Züchter, wo er zur Welt kam. Wenn du das Futter plötzlich änderst, kann er davon richtig krank werden.

Hunden ist es eigentlich egal, wie ihr Futter aussieht – nur gut riechen und schmecken muss es! Sie freuen sich auch dann, wenn sie jeden Tag dasselbe bekommen. Meist ist das ohnehin besser, denn manche Hunde haben einen empfindlichen Magen

Weißt du, was im Hundefutter enthalten ist? Sicher nicht! Hundefutter wird gekocht und eingepackt, sodass man die Zutaten nicht mehr sehen kann. Achte aber darauf, Futter von guter Qualität zu kaufen, es darf nicht nur nach Fleisch riechen, es muss auch Fleisch drin sein. Was im Futter enthalten ist, steht auf der Packung – leicht verdauliches Hühnchen, Lamm und Pute sind eine gute Grundlage für Futter.

So fütterst du richtig

Dein Hund braucht seinen eigenen Futternapf. Er kann aus Plastik, Edelstahl oder aus Keramik sein. Manche Hund regen sich auf und beginnen herumzurennen, vielleicht auch zu bellen, wenn ihr Futter vorbereitet wird. Versuche deinen Hund ruhig zu halten, sag ihm „Sitz!" und „Bleib!" (siehe Seite 64 und 67), bis das Essen fertig ist.

Wie oft füttern?

Das richtet sich nach dem Alter deines Hundes. Solange Welpen noch sehr jung

> ### ➔ Hunde als Vegetarier?
> Man kann Hunde zwar vegetarisch ernähren, aber dann muss ihr Futter sehr sorgfältig zusammengestellt werden. Nur wenn ein Hund alle Vitamine und Mineralien bekommt, die er braucht, bleibt er fit und gesund. In der Wildnis fressen Hunde viele Pflanzen, Wurzeln und Beeren, aber auch Insekten und das Fleisch von Beutetieren, die sie gejagt haben.

Hunde lieben ihr Futter! Es kommt aber darauf an, dass sie lernen zu warten. Die Serie zeigt, wie: „Sitz! – Bleib! – Okay!"

„Sitz! Bleib!"

*oben: Ein junger Border Collie mit seinem Futter-
napf. Daneben steht ein Wassernapf.
unten: Dieser Napf ist ein bisschen groß, aber der
Welpe wird noch wachsen.*

*oben: Diese beiden fressen friedlich aus demselben
Napf, aber das kommt selten vor. Zwei Hunde, die
aus demselben Napf fressen, kabbeln sich häufig .*

sind, sind vier Mahlzeiten täglich in Ordnung. Ab 14 Wochen reichen drei
Mahlzeiten am Tag. Für die meisten
erwachsenen Hunde sind zwei Mahlzeiten
ideal. Dann werden sie nicht zu hungrig
und fressen auch nicht zu viel.

Rassen, wie ein Yorkshire Terrier. Wenn du
testen möchtest, wie viel Futter dein Hund
braucht, solltest du seine Seiten abtasten.
Kannst du die Rippen fühlen, aber nicht
sehen? Dann stimmt das Gewicht. Wenn
du die Rippen nicht mehr fühlst, bekommt
er weniger Futter und muss sich mehr
bewegen.

Wie viel füttern?

Die Futtermenge richtet sich nach
der Größe deines Hundes. Große
Rassen, wie Schäferhunde,
brauchen mehr als kleine

„Bleib!"

„Okay!"

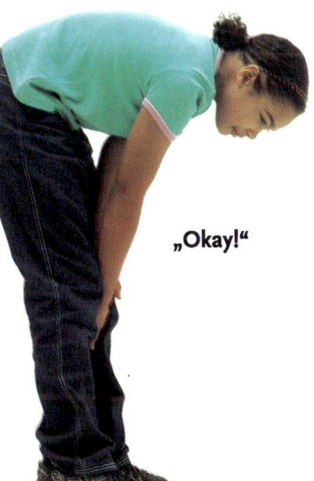

Futter verteidigen

Manche Hunde verteidigen ihr Futter.
Dann knurren sie jeden an, der sich dem
Napf nähert, oder schnappen sogar zu.
Wenn so etwas passiert, musst du sofort
mit einem Erwachsenen reden.

Ein Hund, der sein Futter verteidigt, hat
Angst, jemand will es ihm wegnehmen.
Damit dein Hund ohne Stress fressen
kann, solltest du folgende Regeln beachten:

1. Stelle den leeren Futternapf auf den Boden. Sicher schaut dein Hund zuerst
   den Napf, dann dich an.
2. Gib einen Löffel Futter hinein und lass
   deinen Hund essen.
3. Nun gib einen weiteren Löffel hinein,
   usw., bis dein Hund fertig ist.

Schon bald hat er kapiert, dass du die
Futterfee bist – du gibst ihm zu essen –
und nicht das Futtermonster, das Essen
wegnimmt!

Wenn sich dein Hund daran gewöhnt hat,
kommt der nächste Schritt:

1. Gib das Futter in den Napf. Stell ihn
   auf den Boden und lass deinen Hund
   fressen.
2. Versuche, ob du einen leckeren Futter-
   brocken aus einiger Entfernung in den
   Napf werfen kannst.
3. Dein Hund soll den Leckerbissen ruhig
   fressen, egal ob er im Napf oder daneben gelandet ist.
4. Das wiederholst du drei- bis viermal pro
   Woche, immer dann, wenn dein Hund
   gerade frisst.

Leckerbissen

Leckerbissen sind besonders gut riechende
und schmeckende Futterstückchen, mit

*Damit der Hund lernt, sein Futter nicht zu vertei-
digen, gibt ihm Emily neue Stückchen während er
frisst.*

⚠ An die Eltern

Aggression im Zusammenhang mit dem Füttern ist ein häufiges Problem. Meist beruht es darauf, dass sich der fressende Hund bedroht fühlt. Achten Sie darauf, einen Hund, der sich so verhält, weder zu bestrafen, noch ihm das Futter wegzunehmen – dadurch wird alles nur schlimmer. Halten Sie Ihre Kinder fern, solange der Hund frisst und fragen Sie einen Hundetrainer um Rat.

Bring deinem Hund bei, die Leckerbissen vorsichtig zu nehmen.

denen du deinen Hund belohnen kannst. Zu Hause kannst du das normale Futter nehmen. Auf diese Weise wird dein Hund nicht zu dick.

Auch in der Hundeschule oder draußen brauchst du Leckerbissen, mit denen du deinen Hund belohnen kannst. Gut geeignet sind kleine gekochte Hühner- oder Leberstücke, auch ein Würstchen geht.

So belohnst du richtig

Hebe deine Leckerbissen in einem hundesicheren Versteck auf. Nimm immer nur einen heraus und halte ihn zwischen Daumen und Zeigefinger. Wenn dein Hund danach schnappt, ist es sicherer, ihn auf den Boden fallen zu lassen. Du kannst den Leckerbissen auch auf der flachen Hand servieren, so ähnlich als wolltest du ein Pferd füttern.

➋ Leckerbissen geben

Bring deinem Hund bei, die Leckerbissen zu nehmen, ohne seine Zähne zu gebrauchen. Verwende das Kommando „Aus!" (siehe Seite 72), wenn es nötig ist. Die meisten Hunde lernen schnell, sehr vorsichtig zu sein. Klappt es nicht, frage einen Erwachsenen um Rat.

Einige Hunde wissen selbst, wie viel sie fressen müssen, die meisten machen aber den Napf immer ganz leer.

So trainierst du deinen Hund

Es ist nicht einfach, einen Hund zu trainieren, aber es gehört zu den schönsten Erlebnissen für euch beide. Wie schon gesagt, können Hunde kein Deutsch. Außerdem lernen sie nicht so leicht wie du, nimm dir also viel Zeit und habe Geduld.

Dein wichtigster Trick sind die Belohnungen! Sobald ein Hund merkt: Ich bekomme eine Belohnung – Leckerbissen, Spielzeug, ein Lob oder Tätscheln – wenn ich etwas gemacht habe, wird er diese Handlung wiederholen. Gibt es keine Belohnung, verliert er rasch die Lust, weiter zu üben. Ein Beispiel: Du möchtest deinem Hund beibringen, sich auf Kommando vor dich hinzusetzen. Belohnst du ihn jedes Mal, dann wird er sich auch hinsetzen, wenn du es sagst – er hofft auf einen Leckerbissen!

Hunde machen aber auch Dinge, die ihnen einfach Spaß machen. Dazu gehören Graben, Bellen, Kauen, Jagen und Fressen.

Für einen Leckerbissen würde ein Hund fast alles tun. Wenn du sparsam damit umgehst, helfen sie dir beim Training.

Alle Hund mögen es, wenn man sie beachtet. Stell dir vor, dein Hund macht etwas, was er nicht darf, z.B. deine Spielsachen wegnehmen. Wenn du jetzt lachst, dann hält er Stehlen für ein Spiel und wird es wieder tun!

Hunde sprechen kein Deutsch!

Wenn du „Kommissar Rex" oder die „102 Dalmatiner" kennst, glaubst du vielleicht, Hunde würden jedes Wort verstehen. Ein Hund kann zwar lernen, was einzelne Worte bedeuten; er erinnert sich an den Klang und weiß noch, was geschah, nachdem das Wort ausgesprochen wurde, aber er wird niemals deine Sprache verstehen. Stattdessen achten Hunde aber sehr genau auf deine Körpersprache und deinen Gesichtsausdruck.

⮞ Verstehen lernen

Einen Hund zu trainieren ist so ähnlich wie mit jemandem im Ausland zu reden. Ihr beide müsst lernen, aufeinander zu hören und die Körpersprache des anderen zu verstehen. Es hilft nicht, wenn du schreist oder dasselbe Kommando ständig wiederholst – das macht nur Stress. Je ruhiger und deutlicher du die Worte aussprichst, desto eher wird dein Hund verstehen, was du meinst.

Das Hundewörterbuch

Für einen Hund ist es verwirrend, wenn jemand „Sitz!" sagt, ein anderer aber „Setz dich!", obwohl beide dasselbe meinen.

Hundewörterbuch

Wort	Bedeutung
. . . .	. . . .
. . . .	. . . .
. . . .	. . . .
. . . .	. . . .
. . . .	. . . .
. . . .	. . . .

Hundewörterbuch, Beispiele

Wort	Bedeutung
Name des Hundes	Schau mich an
Sitz!	Setz dich auf den Boden
Platz!	Leg dich auf den Boden
Komm!	Komm zu mir
Aus!	Lass die Möbel in Ruhe
Nein!	Nicht berühren

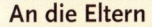

Daher ist es ganz gut, wenn du ein „Wörterbuch" anlegst, in dem alle Worte stehen, die du und deine Familie für das Training verwenden. Ihr solltet euch einigen, welche Kommandos ihr benutzt. Schreibe sie in eine Liste und hänge sie gut sichtbar auf, damit sich alle daran halten. Eine solche Liste könnte etwa so aussehen wie die oben.

An die Eltern

Bestrafungen sind nicht nötig und auch nicht empfehlenswert. Weder Sie noch Ihr Kind sollten den Hund anschreien, schlagen oder schütteln. Training mit Belohnungen macht mehr Spaß, ist einfach und effektiv. Wenn Sie Schwierigkeiten beim Training haben, wenden Sie sich an eine Hundeschule.

Bewahre Belohnungen mit verschiedenem Geschmack für das Clicker-Training in einer handlichen Dose auf.

Clicker-Training

Wenn du keinen Clicker hast, kannst du auch mit der Zunge schnalzen oder immer das gleiche Clicker-Wort sagen.

chen – so lernt er, dass dieses Clicken Futter, also eine Belohnung bedeutet. Jetzt kannst du immer dann clicken, wenn dein Hund etwas richtig gemacht hat. Für ihn gehören dann Verhalten und Clicken und auch Clicken und Belohnung zusammen. Das ist so ähnlich wie bei einem Lehrer, der eine richtige Antwort im Buch abhakt. Es ist nicht schlimm, wenn du keinen Clicker besorgen kannst. Es kommt nur darauf an, immer dasselbe Wort oder einen anderen, aber immer gleichen Ton zu verwenden. Das kann ein Wort wie „Ja" oder „Richtig" sein, du kannst auch mit der Zunge schnalzen.

Das Training mit dem Clicker gehört zu den modernsten Methoden. Außerdem macht es dir und dem Hund Spaß. Beim Training mit dem Clicker musst du nicht zerren und ziehen oder deinen Hund auf andere Weise zwingen, etwas zu tun.

Was ist ein Clicker?

Ein Clicker ist ein kleines Plastikkästchen mit einem Metallstreifen darin, so wie unten abgebildet. Wenn du darauf drückst, macht der Metallstreifen laut „click". Clicke und gib deinem Hund sofort ein Lecker-

Der richtige Moment

Wenn du den Clicker als Belohnung benutzt, wird es viel einfacher, sofort zu loben. Du benutzt den Clicker, sofort nachdem dein Hund das Richtige getan hat. So weiß er, bald kommt die echte Belohnung. Hunde können sehr kreativ sein; sie lernen, wie sie das Clicken – und damit die

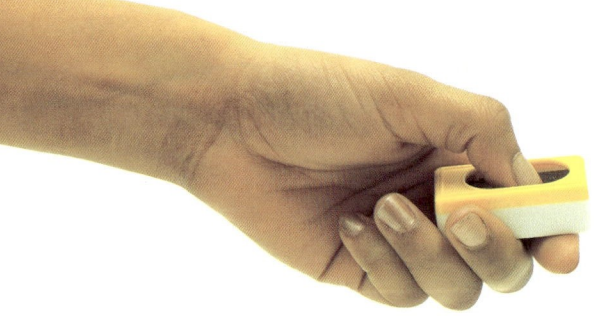

Belohnung – erreichen können und natürlich auch wie nicht.

Hunde, die mit dem Clicker trainiert werden, können bemerkenswerte Fähigkeiten erlernen. Sie lernen, für Behinderte das Licht ein- und auszuschalten, wie man einen Aufzug bedient und die Zeitung holt.

Am Anfang wird dein Hund ganz sicher Fehler machen. Nobody is perfect! Beachte die Fehler einfach nicht. Allerdings darfst du auch nicht clicken oder belohnen. Vor allem jedoch darfst du deinen Hund niemals an-brüllen oder bestrafen. Er wird rasch kapieren, dass er nur für richtiges Verhalten belohnt wird.

Dieser 16 Wochen alte Labrador hat gelernt, seine Belohnung ganz vorsichtig aus der Hand eines Kindes zu holen.

⚠️ **An die Eltern**
Viele Hundebesitzer glauben, das Tier müsse allein deswegen gehorchen, weil es seinen Menschen liebt. Hunde müssen für gutes Verhalten belohnt werden, aber sie können lernen, dass schon ein Lob Belohnung bedeutet. Loben mag ein gutes Erziehungsmittel sein, die meisten Hunde brauchen aber mehr für ihre Motivation. Finden Sie heraus, worauf der Hund besonders positiv reagiert – meist funktionieren kleine leckere Futterstückchen oder das Lieblingsspielzeug am besten.

Beim Training mit dem Clicker brauchst du nicht unbedingt einen Leckerbissen als Belohnung – du kannst deinem Hund auch sein Lieblings-spielzeug geben.

Die ersten Übungen

1 Aufmerksamkeit und „Sitz!"

Ein Stück Futter ist das beste Lockmittel.

Vergiss nicht, ruhig und geduldig zu bleiben. Benutze den Clicker oder ein Clicker-Wort, wenn dein Hund alles richtig macht – dann kommt die Belohnung. Benutze immer denselben Clicker und verwende stets die Kommandos aus deinem Hundewörterbuch (siehe S. 61).

Aufmerksamkeit

Beginne die Übung an einem ruhigen Plätzchen in der Wohnung oder draußen. Halte eine leckere kleine Belohnung bereit. Deinen Clicker versteckst du hinter dem Rücken – du brauchst ihn nicht auf deinen Hund zu richten. Clicke auch niemals in direkter Nähe seiner Ohren.

1. Sage mit deutlicher, fröhlicher Stimme den Namen deines Hundes.
2. Sobald er dich anschaut, machst du „Click" oder sagst das Clicker-Wort.
3. Gib ihm eine Belohnung.
4. Wiederhole die Übung drei- bis viermal.

Jetzt wird es Zeit, dein Hund muss lernen! Bring ihn zuerst dazu, aufmerksam zu sein. Wenn er dich ignoriert, kannst du ihm nichts beibringen. Sobald der Hund zuhört, beginnst du mit dem einfachsten und wichtigsten Kommando: „Sitz!"

Sobald dein Hund die Bedeutung des Clickens verstanden hat, wird er reagieren, weil er eine Belohnung erwartet. Gleichzeitig bringst du ihm damit bei, aufmerksam abzuwarten, wenn du seinen Namen sagst. Übe dies so lange, bis dein Hund wie im Schlaf reagiert. Jetzt wird es Zeit für die nächsten Übungen.

Der Welpe lernt, sich für eine Belohnung hinzusetzen.

„Sitz!"

Jetzt lernt dein Hund, sich auf Kommando hinzusetzen. Für diese Übung brauchst du ein Futterstückchen zum Locken, um seine Aufmerksamkeit zu erregen – irgendetwas, das ihn neugierig macht. Wenn er dem Kommando gehorcht, bekommt er die Belohnung.

1. Bleibe ruhig und zeige deinem Hund die Belohnung. Halte sie ganz dicht an seine Nase. Er darf sich das Futterstückchen aber noch nicht schnappen.
2. Hebe nun deine Hand an und bewege sie etwas auf den Hund zu. Der Hund muss den Kopf heben, um deinen Fingern zu folgen. Dabei setzt er sich meist von allein hin.
3. Dein Hund sitzt! Sobald sein Hintern den Boden berührt, kommt das „Click" und die Belohnung.
4. Wiederhole die Übung ein paarmal. Wenn dein Hund die Vorderbeine vom Boden löst, hältst du das Futter zu hoch, halte deine Hand beim nächsten Mal etwas tiefer.
5. Jetzt sagst du „Sitz!", kurz bevor du das Futter anhebst. Benutze wieder den Clicker, sobald dein Hund sitzt, dann gib ihm das Futter. Dein Hund wird lernen, das Wort „Sitz" mit Hinsetzen und Futter in Verbindung zu bringen.

Jetzt kannst du versuchen, deinen Hund auch ohne Futter sitzen zu lassen. Sag einfach „Sitz!". Wenn er gehorcht, kommt das Clicken und direkt danach eine Futterbelohnung. Mag er sich nicht sofort hinsetzen, dann zeig ihm wieder deine Hand – genau wie vorher, aber ohne Futter. Belohne den Hund, wenn er schnell lernt.

Wiederhole die Übung, bis dein Hund sich jedes Mal hinsetzt. Gebrauche das „Sitz"-Kommando immer dann, wenn er etwas bekommt, was er liebt – sein Futter, die Leine vor einem Spaziergang, wenn er in den Garten gelassen wird. Indem dein Hund auf das „Sitz"-Kommando reagiert, sagt er „Bitte" und „Danke".

An die Eltern
Wenn Ihr Hund sehr ungestüm ist, sollten Sie die Hand Ihres Kindes mit der Belohnung führen. Damit gewinnen Kind und Hund mehr Sicherheit im Umgang miteinander.

Futter als Belohnung
Halte das Futter fest zwischen Zeigefinger und Daumen. Nun kannst du deinen Hund damit locken. Biete das Futter auf der Handfläche an oder lass es einfach auf den Boden fallen.

2 „Platz!" und „Bleib!"

Liegen auf Kommando

Für „Platz!" brauchst du mehr Geduld als für „Sitz!", denn du musst abwarten, bis dein Hund zufällig das Richtige tut. Beobachte ihn und warte ab, bis er flach auf dem Boden liegt, dann musst du bereit sein.

Locke deinen Hund mit einem Futterstückchen in die „Platz"-Position.

1. Halte dem Hund das Futter vor die Nase und bewege deine Hand zum Boden, bis zwischen die Pfoten deines Hundes. Decke den Leckerbissen aber noch mit deiner Hand zu. Dein Hund wird versuchen, seine Schnauze unter deine Hand zu stecken.
2. Vielleicht versucht er auch, seine Pfote zu Hilfe zu nehmen. Dabei biegt er sich nach unten oder etwas nach hinten. Es hilft nichts, du musst noch warten. Irgendwann wird dein Hund auch mit dem Hintern den Boden berühren.
3. Sobald er flach auf dem Boden liegt, machst du „Click" oder sagst das Clicker-Wort, dann bekommt er seine Belohnung.
4. Wiederhole die Übung mehrfach, mal mit Futter in der Hand, mal ohne.
5. Wenn sich dein Hund jedes Mal zusammen mit der Hand auf den Boden legt, dann sagst du „Platz!", wenn du beginnst, die Hand zu senken.

„Platz!" ohne Futterbelohnung

1. Jetzt bleibst du aufrecht stehen. Zeige deinem Hund eine Futterbelohnung und halte sie hinter deinen Rücken. Dann sagst du „Platz", aber ohne ihm

So übst du mit deinem Hund „Platz!"

mit der Hand zu helfen. Die meisten Hunde versuchen, sich hinzusetzen oder geben Pfötchen, ehe sie auf die Idee kommen, sich niederzulegen. Du musst Geduld haben und solltest das Kommando „Platz!" auch nicht mehr wiederholen.

2. Legt sich dein Hund zufällig hin, mache „Click" oder sage das Clicker-Wort, dann bekommt er eine Riesenbelohnung – z.B. mehrere Futterstückchen und ein tolles Spiel.

3. Wiederhole diese Übung noch ein paar Mal an unterschiedlichen Orten, bis dein Hund gelernt hat, sich überall und immer hinzulegen.

„Bleib!"

Sobald dein Hund gelernt hat, sich auf Kommando zu setzen und hin zu legen, kannst du ihm beibringen, länger in dieser Position zu bleiben und auf „Click" und Belohnung zu warten.

1. Sage deinem Hund „Sitz!" oder „Platz!", zähle bis fünf – dann kommt die Belohnung. Wenn dein Hund vorher die Position verändert, sagst du das Kommando erneut und beginnst wieder zu zählen.

2. Gehe genauso vor, nun zählst du aber bis zehn, dann kommen „Click" und Belohnung.

3. Sage wieder „Sitz!" oder „Platz!", zähle aber nur bis zwei, bevor die Belohnung kommt.

4. Gehe genauso vor, zähle aber bis 30, dann kommen „Click" und eine dicke Belohnung.

Bringe deinem Hund bei, sich für unterschiedlich lange Zeiten zu setzen oder zu legen. Du kannst

die Zeit nach und nach bis auf zwei Minuten steigern. Lobe deinen Hund immer, solange er noch sitzt oder liegt. Wenn es Probleme hat, länger als 30 Sekunden in der Position zu bleiben, kannst du auch „Bleib!" sagen, wenn er sich setzt oder legt.

Sobald dein Hund das „Click" oder Clicker-Wort hört, weiß er, alles ist in Ordnung, und er braucht nicht mehr in der Position zu „bleiben". Achte darauf, noch zu clicken, solange dein Hund sitzt oder liegt, und gib ihm die Belohnung einige Sekunden später.

3 „Komm!"

Dein Hund hat schon gelernt aufzupassen, wenn du seinen Namen rufst (siehe Seite 64). Jetzt soll er lernen zu kommen, wenn du nach ihm rufst. Dieses Kommando ist sehr nützlich. Du kannst deinen Hund ins Haus rufen, wenn du etwas von ihm möchtest, oder du kannst ihn zu dir rufen, wenn Ärger droht.

1. Stell dich vor deinem Hund auf, sage seinen Namen und wedele mit einem Leckerbissen in deiner Hand. Bewegt er sich auf dich zu, machst du „Click" oder sagst das Clicker-Wort und gibst ihm sein Futter zur Belohnung.
2. Mach das Ganze noch einmal, gehe aber einen oder zwei Schritte zurück. Locke deinen Hund zu dir und belohne ihn mit Clicken, Lob oder Futter.
3. Verändere die Entfernung – manchmal nur einen Schritt, manchmal weiter weg.
4. Kommt dein Hund jedes Mal zurück, wenn du seinen Namen rufst, kannst du das Wort „Komm!" oder „Hierher!" nach dem Namen rufen.

Jetzt kommt noch etwas dazu: Sobald dein Hund bei dir ankommt, berührst du ihn am Halsband, clickst oder benutzt das Clicker-Wort – dann wieder belohnen. So lernt dein Hund, dass er kommen muss, wenn du rufst; er wird festgehalten, bis es eine Belohnung gibt.

Lernt dein Hund sehr langsam oder kommt nicht auf Zuruf, werde nicht wütend – dann hat er nämlich keine Lust mehr. Zeige ihm stattdessen das Futter oder Spielzeug, das er bekommen hätte – und stecke es weg. Fang wieder mit der ersten Lektion an (Seite 64). Erst wenn dein Hund jedes Mal auf seinen Namen reagiert, kannst du es wieder mit „Komm!" versuchen.

Wenn dein Hund weiter weg ist, zeige ihm eine Belohnung oder ein Spielzeug, sag seinen Namen und rufe „Komm!".

➲ Teste deinen Hund

Übe das „Komm"- oder „Hierher"-Kommando mit einem „Click" und Leckerbissen, mit Futter oder einem Spiel als Belohnung, wenn dein Hund es nicht erwartet.

▶ Ruf ihn aus einem anderen Raum.

▶ Ruf ihn in den Garten.

▶ Ruf ihn ins Haus.

▶ Ruf ihn, wenn du dich hinsetzt.

▶ Ruf ihn von einer Ablenkung weg.

Folgt dein Hund dem „Komm"-Kommando, darf er zur Belohnung mit dem Spielzeug spielen.

➲ Hänsel-und-Gretel-Spiel

Manche Hunde brauchen zusätzliche Hilfe, bis sie lernen, zu dir zu kommen. Je mehr Spaß sie dabei haben, desto besser. Im Märchen „Hänsel und Gretel" legen die Kinder eine Spur aus Brot, um nach Hause zu finden – doch die Vögel fraßen sie auf. In unserer Version machst du eine Futterspur für deinen Hund.

1. Zuerst bleibt der Hund an deiner Seite. Dann gehst du ein paar Schritte weg und lässt ein Stück Futter fallen.
2. Sorge dafür, dass dein Hund das Futter findet. Dann machst du „Click" und der Hund darf es fressen.
3. Jetzt gehst du ein paar Schritte weiter und lässt wieder ein Futterstückchen fallen.
4. So geht es im Spiel weiter. Du gehst weg, lässt Futter fallen und dein Hund wird dir wie ein Schatten durch Haus und Garten folgen.

Wenn dein Hund auf Zuruf kommt, machst du den Abstand zwischen euch immer wieder ein Stück größer.

4 An der Leine gehen

Es ist schwierig, einem Hund beizubringen, wie man an einer Leine geht, aber es ist auch sehr wichtig. Ein Spaziergang im Park mit dem Hund macht Spaß und ist sehr entspannend. Wenn er aber dauernd an der Leine zerrt, ist alles verdorben. Von einem Hund gezogen zu werden ist ärgerlich und ganz schön anstrengend.

Die meisten Hunde ziehen an ihren Leinen, weil sie glauben, dafür belohnt zu werden. Durch das Ziehen kommen sie schneller in den Park und können ihre Besitzer zu Plätzen führen, die sie gerne mögen. Dabei sollte es genau anders herum sein! Deshalb musst du als Hundebesitzer lernen,

deinen Hund unter Kontrolle zu halten. Ein Hund muss lernen, brav an der Leine zu gehen. Hier ist der Clicker – oder dein Clicker-Wort – eine gute Hilfe. Zerrt dein Hund an der Leine, bleib stehen. Du darfst ihm nicht erlauben, auch nur ganz kurz zu ziehen! Ihr geht erst weiter, wenn die Leine wieder locker ist. Sobald dein Hund ruhig steht, machst du „Click" und belohnst ihn, damit er weiß, so war es gut.

Schritt für Schritt

1. Leine deinen Hund im Haus oder im Garten an und warte ab.
2. Sobald er ruhig steht, die Leine locker hängt und dein Hund dich ansieht, machst du „Click" und gehst los – in die Richtung, die du ausgesucht hast.
3. Achte genau darauf, was dein Hund tut. Zieht er die Leine stramm, bleib stehen. Beweg dich erst wieder, wenn die Leine locker ist.
4. Jedes Mal, wenn dein Hund ruhig neben dir geht und die Leine locker durchhängt, machst du „Click" und gibst ihm eine Belohnung.

Zuerst muss dein Hund lernen, still sitzen zu bleiben, wenn du ihm die Leine anlegst.

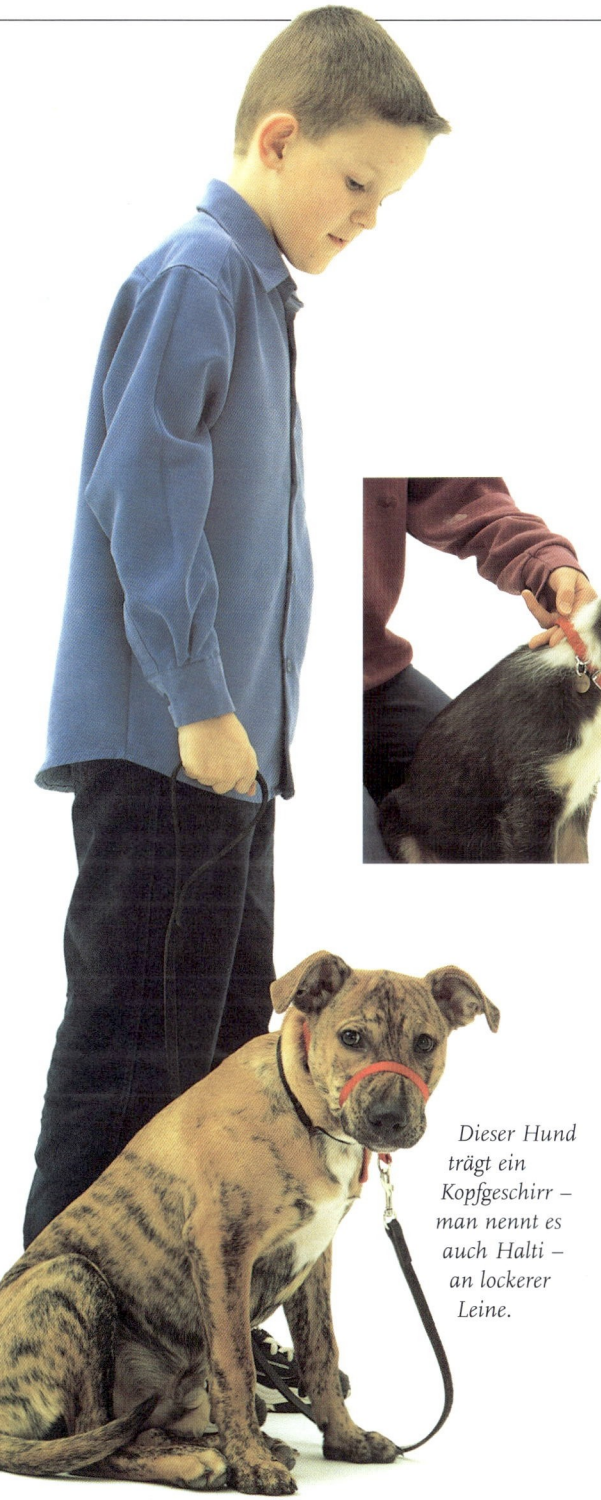

*Zwischen Hals und Halsband sollten zwei
Finger passen, dann ist es nicht zu eng.*

*Dieser Hund
trägt ein
Kopfgeschirr –
man nennt es
auch Halti –
an lockerer
Leine.*

5. Das wiederholst du noch ein paarmal,
   dann solltest du mit deinem Hund zur
   Belohnung spielen.
6. Nimm dir ein paar Leckerbissen mit.
   Immer wenn alles stimmt – der Hund
   an deiner Seite, die Leine locker –
   machst du „Click" und gibst ihm Futter
   als Belohnung. Zuerst darfst du ihn
   jedes Mal füttern, doch dann gibt es nur
   etwas, wenn dein Hund alles ganz
   richtig gemacht hat.
7. Am Anfang übt ihr beiden im Haus
   oder im Garten, dann kannst du mit
   ihm in den Park gehen. Erwarte am Anfang nicht zu viel. Ein Spaziergang ist
   einfach zu interessant: Es gibt so viel zu
   sehen und zu riechen. Wahrscheinlich
   werdet ihr mehr stehen bleiben als
   gehen. Aber das wird schon.

5 „Aus!"

„Aus!" ist ein sehr nützliches Kommando, denn damit kannst du verhindern, dass dein Hund Futter klaut! Mit „Aus!" sagst du dem Hund: „Dieses Ding darfst du nicht haben." Es gibt vieles, was dein Hund sehr gerne hätte: dein Essen, Katzen, Kleider, Müll auf der Straße und deine Spielsachen.

Man kann jedem Hund beibringen, Dinge nicht zu berühren.

   Übe immer nur für kurze Zeit, aber wiederhole diese Übungen regelmäßig, bis dein Hund gelernt hat, bei „Aus!" alles liegen zu lassen. Je häufiger du übst, desto besser wird es klappen. Auch der besterzogene Hund wird es aber kaum schaffen, Futter unberührt zu lassen. Wenn du daher deinen Hund allein lässt, stelle alles Futter sicher weg.

   Denke daran, es macht nur Sinn, solch ein Kommando zu üben, wenn du dich genau an das Wort hältst, das du im Hun-dewörterbuch aufge-schrieben hast (siehe Seite 61). Übe in einem ruhigen Zimmer oder im Garten.

1. Nimm ein Futterstückchen in die Hand und schließe deine Finger fest darum. Lege die Faust auf dein Knie.
2. Warte ab, bis dein Hund an der Hand schnuppert und daran zu knabbern beginnt. Sag aber noch nichts und halte die Hand ruhig.
3. Pass genau auf. Sobald dein Hund die Nase abwendet, sei es auch nur für eine Sekunde, machst du „Click" –

So übst du das „Aus"-Kommando: Halte das Futter fest in der Hand. Warte ab, bis dein Hund die Nase abwendet, dann clickst du und gibst ihm eine Belohnung.

oder sagst das Clicker-Wort – und gibst ihm die Belohnung. Am Anfang musst du dich sehr konzentrieren.

4. Wiederhole die Übung ein paar Mal.

5. Wiederhole die Übung. Diesmal wartest du aber, bis dein Hund seine Nase für zwei Sekunden abwendet, erst dann kommen „Click" und Belohnung.

6. Bei den nächsten Übungen solltest du versuchen, die Zeit zwischen Abwenden und Clicken auf zehn Sekunden zu steigern. Jetzt kannst du das Wort „Aus!" dazu sagen – allerdings ganz ruhig und nicht zu sehr als Befehl.

7. Wiederhole die Übung. Allerdings sagst du jetzt, „Aus!", und zeigst deinem Hund das Futter auf der offenen Hand. Wenn es versucht, nach dem Futter zu schnappen, schließt du die Hand – ziehe sie nicht weg.

8. Wenn man die Übung oft genug wiederholt, lernen die meisten Hunde, dass „Aus!" bedeutet, ein Ding nicht zu berühren. Schließlich lernen sie sogar, dass sie bei „Aus!" Dinge oder Tiere wieder loslassen müssen.

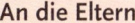

An die Eltern

Ein Hund, der nach Futter schnappt, ist nicht unbedingt vorsichtig mit seinen Zähnen. Daher sollten Sie unter Umständen die ersten Übungen zum „Aus"-Kommando selbst durchführen.

Sobald ein Hund gelernt hat, sich auf „Aus!" von der Hand fern zu halten, kann Ihr Kind das weitere Training übernehmen.

⟴ Verlockendes Futter

Beginne die Übungen zum „Aus"-Kommando mit Trockenfutter. Später kannst du es mit schmackhafterem Futter wie Hühnchen oder Leber versuchen. Weil dieses Futter viel leckerer ist, fällt es deinem Hund schwerer, zu gehorchen.

Konzentriere dich, wenn du deinem Hund beibringst, auf das Futter zu warten.

6 Dinge zurückbringen

Es gibt Hunde, die rennen von sich aus los und bringen weg geworfene Dinge zurück – sie apportieren. Man muss ihnen nur noch beibringen, sie auch wieder loszulassen. Andere Hunde brauchen bereits viel Belohnung, bis sie lernen, einen Gegenstand festzuhalten.

Durch diese Übung lernt ein Hund, Dinge sicher festzuhalten. Allerdings musst du das Training regelmäßig wiederholen. Kein Hund lernt, wenn man nur ab und zu mit ihm übt.

1. Am besten beginnst du mit einem Spielzeug, das dein Hund mag – ein Stück Stoff, eine Pappröhre oder ein Hundespielzeug. Halte wieder ein paar Leckerbissen bereit.
2. Halte den Gegenstand fest in deiner Hand und lass deinen Hund daran schnuppern. Sobald dein Hund ihn auch nur berührt, solltest du clicken oder das Clicker-Wort sagen und eine Belohnung geben. Wiederhole die Übung mehrmals.
3. Dann solltest du abwarten, bis dein Hund den Gegenstand ins Maul nimmt. Warte eine Sekunde ab, dann wieder clicken und belohnen.
4. Nun kannst du nach und nach die Zeit verlängern. Du clickst und belohnst erst, wenn dein Hund den Gegenstand 20 Sekunden lang festhält. Wenn das bei jedem Versuch klappt, kannst du „Festhalten!" sagen, bevor dein Hund zupackt.
5. Als Nächstes legst du den Gegenstand auf dein Knie oder den Boden und sagst „Festhalten!". Bald wird er kapieren, was „Festhalten!" bedeutet: „Geh hin, nimm den Gegenstand und bring ihn zurück" – für Clicken und Belohnung.

In der Regel spielen junge Hunde gerne mit Spielzeugen, daher brauchst du nicht lange zu clicken und zu belohnen. Bald apportieren sie nur aus Spaß!

➜ Apportierübungen

Wenn dein Hund gut apportieren kann, versuche es mit folgenden Dingen:

▶ Hundespielzeug
▶ Pappröhre
▶ kleine, leere Plastikflasche
▶ Handschuh
▶ alter Metalllöffel
▶ Schlüsselbund

➜ Metall apportieren

Kleine Hunde können Dinge aus Metall – z.B. Löffel und Schlüssel – meistens nicht so gut festhalten. Wenn dein kleiner Hund einen Metallgegenstand nicht festhalten will, dann musst du ihn sehr ermuntern und viel mit ihm üben.

➜ Richtig apportieren

Manche Hunde finden es lustiger, wenn ihre Besitzer hinter den Spielzeugen und Bällen herrennen, anstatt sie selbst zu bringen. Du solltest aber darauf achten, dass dein Hund bei Apportierspielen die Dinge den ganzen Weg zurückbringt. Lässt er den Gegenstand fallen und wartet, bis du ihn selbst aufhebst, dann solltest du ihm beibringen, das Objekt bis zu dir zu bringen und es in deine Hand zu legen. Erst dann wird er belohnt.

➜ Hundepost

Wenn dein Hund Dinge apportieren kann, könnt ihr tolle Spiele spielen. Eines ist zum Beispiel Bringen-und-Holen. Damit kannst du Botschaften an Freunde oder deine Familie schicken, die in einem anderen Raum oder im Garten sind.
Und so funktioniert die Hundepost: Schreibe einen kleinen Brief und rolle ihn in eine Pappröhre zum Schutz vor den Hundezähnen. Dann soll dein Hund den Empfänger suchen. Zuerst kannst du ihm dabei helfen – der andere soll nach deinem Hund rufen. Sobald dein Hund kapiert hat, wie es funktioniert, wird er alle deine Botschaften überbringen.

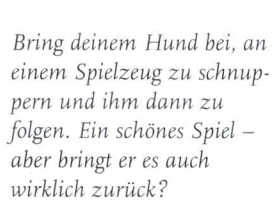

Bring deinem Hund bei, an einem Spielzeug zu schnuppern und ihm dann zu folgen. Ein schönes Spiel – aber bringt er es auch wirklich zurück?

Der richtige Umgang mit Hunden

In der Regel sind Hunde wunderbare, freundliche Wesen, die alle Menschen mögen, denen sie begegnen. Aber auch der freundlichste Hund kann einen schlechten Tag haben oder sich mies fühlen. Vielleicht ist er müde oder sogar krank – leider können Hunde nicht sagen, was mit ihnen los ist. Stattdessen knurren sie, zeigen die Zähne oder schnappen sogar nach dir. Pass also genau auf, was dein Hund dir damit sagen möchte, halte dich zurück und sage sofort einem Erwachsenen Bescheid.

Vorsicht bei fremden Hunden

Denke immer daran, nicht alle Hunde, denen du draußen begegnest, sind so freundlich wie deiner. Manche lassen sich nicht gerne von Fremden berühren, daher musst du immer zuerst den Besitzer fragen, ob du den Hund streicheln darfst.

Begegnungen mit fremden Hunden

Manchmal wirst du im Park oder auf der Straße einem fremden Hund ohne seinen Besitzer begegnen. Fass ihn lieber nicht an. Der Hund könnte Angst haben und sich bedroht fühlen. Halte dich zurück und erzähle einem Erwachsenen, wo du das Tier gesehen hast.

Kommt ein fremder Hund direkt auf dich zu, bleib still stehen wie ein Baum! Schau ihm nicht in die Augen, denn Anstarren wirkt auf Hunde wie eine Bedrohung. Versuche ruhig zu bleiben und warte ab, bis der Hund weggeht. Dann kannst du dich ruhig entfernen und einem Erwachsenen Bescheid sagen. Du darfst niemals rennen, mit den Armen wedeln oder schreien. Der Hund könnte denken,

du willst ihn bedrohen, wird sich fürchten und sich verteidigen.

Mancher Hund jagt allem hinterher, was sich bewegt. Eigentlich sollte ihn sein Besitzer sofort zurückrufen, aber wenn du schon von einem Hund gejagt wirst, darfst du nicht schreien. Halte lieber an und bleib stehen, schaue den Hund aber niemals direkt an. Auf diese Weise beruhigt er sich wieder und sein Besitzer kann ihn an die Leine nehmen. Das Gleiche gilt, wenn

Wenn dich ein Hund verfolgt, während du Fahrrad fährst, steige ab und stelle das Fahrrad zwischen dich und den Hund. Bleibe ganz ruhig und bitte einen Erwachsenen um Hilfe.

du Fahrrad fährst und dich ein Hund verfolgt. Halte an und steig ab. Stell das Fahrrad zwischen dich und den Hund und warte ab, bis der Hund das Interesse verliert und weggeht.

An die Eltern ⚠️

Jedes Jahr werden Kinder von Hunden gebissen – meist von ihren eigenen und nicht von fremden Tieren. Daher ist der Umgang und das Training mit einem Hund so wichtig. Wenn Ihnen das Verhalten Ihres Hundes merkwürdig vorkommt, zögern Sie nicht! Wenden Sie sich an den Tierarzt; er kennt sicher einen Verhaltenstrainer.

➲ Bellende Hunde

Ärgere niemals einen Hund, der dich hinter einem Zaun anbellt, so wie der unten im Bild. Das ist nicht nur unfair, sondern möglicherweise auch gefährlich.

Wenn dein Ball über einen Zaun fliegt, solltest du auf keinen Fall darüber klettern. Bitte einen Erwachsenen, ihn zu holen. Manche Hunde sind draußen sehr freundlich, verteidigen ihr Revier – wie den Garten – aber sehr aggressiv, wenn sich jemand nähert.

Diese Hunde überlegen noch, ob der Fremde, der sich nähert, eine Bedrohung darstellt. Wenn einer bellt, werden die anderen mitmachen.

So spricht dein Hund

Hunde sprechen anders als wir. Du kannst sie verstehen, wenn du lernst, ihre Körpersprache zu „lesen". Hunde können ihr Gesicht verändern und mit Bewegungen zeigen, was sie fühlen. Einige menschliche Gesten kommen ähnlich auch bei Hunden vor, andere haben jedoch völlig andere Bedeutung.

Ernste Botschaften

Hunde, die sich nicht gut fühlen, zeigen das. Wenn du folgende Verhaltensweisen bei deinem oder einem anderen Hund bemerkst, lass ihn besser in Ruhe.

Der Hund bleibt stehen

Das bedeutet: Der Hund fühlt sich unsicher und möchte allein sein. Wenn er einen Knochen oder etwas anderes hat, das er bewachen will, ist dieses Verhalten üblich. Versuche niemals, ihm den Gegenstand wegzunehmen.

Der Hund knurrt

Die Bedeutung ist klar: Der Hund zeigt eindeutig „Geh weg!" Nur selten knurrt er auch beim Spielen.

Der Hund zeigt die Zähne

Damit warnen uns Hunde, dass sie zubeißen werden. Sie heben die Lippen und fletschen die Zähne. Es bedeutet etwa „schau dir meine Waffen an." Allerdings solltest du beachten, dass Hunde auch

dann ihre Zähne etwas zeigen, wenn sie hecheln oder nur den Mund öffnen (so wie auf dem Bild unten); das ist nicht böse gemeint.

Menschlicher Ausdruck		Hundeausdruck	
Ausdruck	*Bedeutung*	*Ausdruck*	*Bedeutung*
Lächeln	freundlich	Zähne zeigen	wütend
Stirne runzeln	verärgert	Augenbrauen runzeln	Konzentration
Augen weit offen	Überraschung	Augen weit offen	Angst
Augen halb geschlossen	schläfrig	Augen halb geschlossen	freundlich
Starren	Interesse	Starren	Bedrohung

Hintern hoch, Kopf und Brust tief – der Border Collie will spielen.

Aufforderung zum Spiel

Der Hund senkt seinen Kopf zu Boden und hält Hintern und Schwanz hoch. Das ist seine „Aufforderung zum Spiel".

Pfote heben

Hunde heben oft ihre Pfote an. Das ist so ähnlich wie Hände schütteln und immer ein Zeichen von Freundlichkeit.

Klopfen

Manche Hunde, vor allem solange sie noch klein sind, klopfen mit den Vorderpfoten hüpfend auf den Boden. Manchmal klopfen Hunde auf den Boden und rennen weg, weil sie gejagt werden wollen.

Was der Schwanz verrät

Der Schwanz eines Hundes verrät dir viel über seine Gefühle – wenn du ihn siehst. Manche Rassen haben kurze oder gestutzte Schwänze; dann wird es schwierig, ihre Gefühle abzulesen.

Freundliche oder fröhliche Hunde bewegen den Schwanz mit weiten Schwüngen hin und her. So sagen sie dir „Prima, dass du da bist." Aber nicht immer zeigt ein

Der Hund sträubt die Haare

Hunde können die Haare auf ihrem Nacken sträuben, um größer auszusehen. Das machen sie oft, wenn sie sich fürchten. Meistens ist es besser, solche Hunde stehen zu lassen, denn sie könnten aus Angst zubeißen.

Der Hund duckt sich und klemmt den Schwanz ein

Dieser Hund fürchtet sich und ist besorgt. Ein ängstlicher Hund läuft fast immer weg, er könnte aber auch beißen.

Freundliche Botschaften

Hunde können dir auch zeigen, dass sie gut gelaunt sind. Wenn ein Hund sich so verhält, will er wahrscheinlich spielen:

Mit erhobenem Schwanz und mutigem Schritt geht's auf ins nächste Abenteuer.

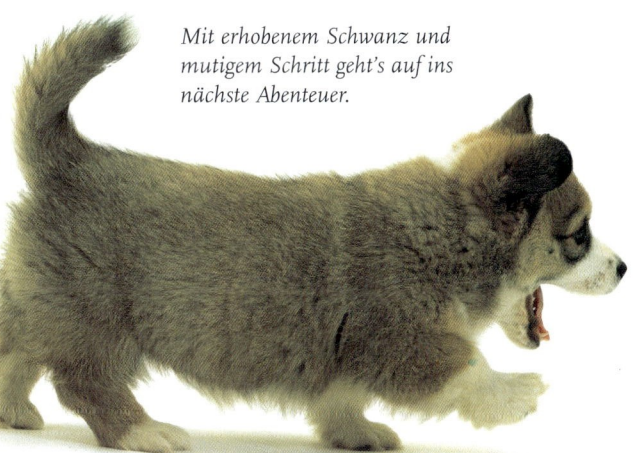

Wenn er seinen Schwanz so stark einklemmt, hat dein Hund wirklich große Angst.

wedelnder Schwanz, dass sich ein Hund gut fühlt.

▶ Schwanz hoch gehalten, kräftig gewedelt: Selbstbewusstsein oder sogar Aggression.

▶ Schwanz niedrig gehalten, leicht gewedelt: Unsicherheit.

▶ Schwanz zwischen die Beine geklemmt: Angst.

Warum gähnt mein Hund?

Hunde gähnen aus demselben Grund wie wir! Sie sind müde, ihnen ist langweilig oder sie sehen jemand anderen gähnen. Hunde gähnen aber auch dann, wenn sie nervös sind oder unter Druck stehen. Wenn dein Hund während des Trainings gähnt, solltest du vielleicht sanfter mit ihm umgehen oder eine Pause machen.

Total erledigt! Dieser Hund gähnt mit weit herausgestreckter Zunge.

Warum leckt mein Hund?

Hunde lecken Menschen ab, wenn sie Zuneigung zeigen wollen. Dieses Verhalten kennen sie aus ihrer Kindheit: Wenn die Mutter ihre Welpen ableckt, fühlen sie sich wohl und sicher. Hunde lecken ihre Mutter, wenn sie hungrig sind. Lecken die Kleinen die Mundwinkel ihrer Mutter ab, würgt sie Futter aus. Dieses Verhalten vergessen Hunde niemals, daher lecken sie auch noch als Erwachsene einen Menschen an, um Zuneigung auszudrücken.

Träumt mein Hund?

Wahrscheinlich können Hunde träumen. Man kann oft beobachten, wie sie im Schlaf mit den Beinen zucken, die Nase rümpfen oder knurren. Manche bewegen Füße und Beine, als würden sie rennen. Wir werden aber niemals ergründen, was und ob Hunde wirklich träumen.

Warum hat mein Hund so große Zähne?

Hunde sind Allesfresser, sie fressen sowohl Tiere als auch Pflanzen. Wilde Hunde müssen sich ihr Futter erjagen – sie verfolgen, fangen und töten ihre Beute. Ihre langen Vorderzähne sind zugespitzt und leicht gekrümmt. Damit packen sie die Beute und reißen das Fleisch heraus. Ihre

Backenzähne können Knochen und Muskeln zermahlen; wir Menschen kauen mit den Backenzähnen.

Kennt mein Hund die Zeit?

Dein Hund kann zwar keine Uhr ablesen, hat aber ein ziemlich gutes Zeitgefühl. Viele wissen genau, wann es Zeit für das Futter ist oder wann ihr Besitzer von der Arbeit oder Schule nach Hause kommt. Manche warten unruhig an der Tür, wenn ein Familienmitglied bald nach Hause kommen müsste. Andere wecken ihren Besitzer jeden Morgen um die gleiche Zeit – sehr praktisch, außer am Wochenende!

Erkennt mein Hund andere Menschen?

Ja! Hunde haben ein gutes Gedächtnis. Sie erinnern sich an Menschen und andere Hunde, weil sie sich ihren Geruch merken. So erinnern sie sich an Menschen, die sie lange nicht gesehen oder nur ein paarmal getroffen haben. Es ist bekannt, dass verlorene Hunde den Weg nach Hause finden, weil sie die richtige Richtung kennen.

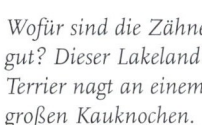

Wofür sind die Zähne gut? Dieser Lakeland Terrier nagt an einem großen Kauknochen.

Spiel und Spaß

1 Spiele für die Wohnung

Nur weil es draußen regnet, braucht dein Hund nicht den ganzen Tag zu schlafen! Probiere einige dieser Wohnungsspiele aus, du kannst dir auch ein paar neue ausdenken. Dein Hund wird sie toll finden.

Verstecken spielen

Hunde können in der Wohnung nach Spielsachen, Futter oder Menschen suchen. Am besten spielst du dieses Spiel mit Menschen oder Dingen, die dein Hund gerne mag.

Lass deinen Hund warten, dann versteckst du ein Spielzeug oder einen Hundekuchen – oder dich selbst – in einem anderen Raum. Mach es ihm am Anfang einfach. Ermuntere deinen Hund und zeige ihm, wie sehr du dich freust, wenn er das Versteck findet.

Sobald dein Hund besser wird, kannst du auch einen ganz besonderen Gegenstand verstecken, den er am Geruch erkennen muss, z.B. eine Kaffeebohne.

Spaß mit dem Futter

Wilde Hunde müssen ihr Futter erjagen. In der Wohnung braucht sich dein Hund nicht anzustrengen. Das Futter taucht von allein in seinem Napf auf.

Stell deinem Hund eine Aufgabe, dann wird die Fütterung gleich viel interessanter. Trockenfutter kannst du in der Wohnung verteilen und ihn danach suchen lassen. Je besser das klappt, desto begeisterter wird dein Hund mit dem Schwanz wedeln.

Hunde, die frisches Futter bekommen – Fleisch und Dosenfutter –, können eine abgewandelte Version spielen. Verteile das

> **➔ Praktischer Spaß**
> Eine Getränkeflasche aus Plastik kann Hunden viel Spaß machen. Nimm den Deckel ab und packe Leckerbissen hinein. Nun muss dein Hund sie durch Rollen und Schütteln herausholen.

Ein tolles Spiel: Leckereien aus einer Flasche holen.

⊙ Spaß mit Schachteln

Mit einem großen, festen Pappkarton könnt
ihr stundenlang Spaß haben, und dein
Hund kann seine Zerstörungswut ausleben.
Stelle die Schachtel zuerst mit der Öffnung
nach oben und lege ein Spielzeug oder ei-
nen Leckerbissen. Dann drehe sie um und
verstecke einen Schatz darunter.
Besonders clever ist eine Schachtel-in-der-
Schachtel-in-der-Schachtel – immer mit ei-
ner Belohnung dazwischen.
Oder du legst einen großen Ball in einen
Karton. Terrier lieben es, ihren Kopf in den
Karton zu stecken und den Ball „auszu-
graben".

Futter auf viele kleine Schüsseln und verstecke sie in der Wohnung. Manchen Hunden kannst du sogar beibringen, die sau-
beren Schälchen zu dir zurückzubringen.
Sei vorsichtig: Wenn dein Hund gierig
schlingt und danach herumrennt, kann er
krank werden. Gib also immer nur ein Löf-
felchen Futter in jeden Napf.
 Belohnungen machen mehr Spaß, wenn
sie in Spielzeugen, Knochen oder Papier-
tüten versteckt werden. Futter in einem
hohlen Kauspielzeug (siehe Seite 50) kann
Hunde stundenlang beschäftigen. Die
meisten Hunde finden schon die herum-
springenden Gummispielzeuge aufregend.

Wenn sie dann noch mit Leckerbissen
gefüllt sind – einfach unwiderstehlich!
 Versuche es mit verschiedenen Futter-
stücken im Kauspielzeug, achte darauf,
welche dein Hund besonders gerne mag
und wie lange er braucht, bis das Spielzeug
leer ist. Du kannst ein solches Kauspielzeug sogar in den Gefrierschrank legen
und deinem Hund mit gefrorenem Futter
Freude machen!

Leckeres im Versteck

Verstecke ein besonders leckeres Stück
Futter in einer Papprolle (z.B. von Toilet-
tenpapier). Knicke die Enden der Röhre
um. Zeige die Röhre deinem Hund und
lass ihn daran schnuppern.
 Dann versteckst du die Röhre in einem
anderen Raum. Lass deinen Hund los – er
soll suchen. Wie viele Sekunden braucht er,
bis er die Röhre gefunden hat? Du darfst
deinen Hund anfeuern, ihm aber nicht
zeigen, wo die Röhre versteckt ist.

Wertung

5 Sekunden oder schneller, bringt Röhre	25 Punkte
5 Sekunden oder schneller, findet Röhre	20 Punkte
10 Sekunden oder schneller	15 Punkte
20 Sekunden oder schneller	10 Punkte
30 Sekunden oder schneller	5 Punkte
mehr als 30 Sekunden	0 Punkte

Durch die Klapptür

Bringe deinem Hund bei, durch eine
Klapptür zu gehen. Das geht ganz gut,
wenn du einen großen Pappkarton auf den
Kopf stellst und mit drei Schnitten eine
Klapptür in den Boden schneidest. Lege
den Pappkarton dann auf die Seite. So
entsteht ein einfacher Tunnel für deinen
Hund.

Der Leckerbissen wird unter einer Tasse versteckt; der Hund schaut zu.

Zuerst schnuppert der Hund an der Tasse.

Am Anfang hältst du die Klapptür auf und legst einen Leckerbissen auf die andere Seite. Sobald dein Hund jedes Mal durch den Tunnel läuft, wenn er seine Belohnung holen will, kannst du die Klapptür fallen lassen. Nun muss er sich durchzwängen, um den Leckerbissen zu holen. Wie lange braucht dein Hund, bis er die Belohnung erreicht?

Wertung	
5 Sekunden oder schneller	25 Punkte
10 Sekunden oder schneller	20 Punkte
20 Sekunden oder schneller	15 Punkte
30 Sekunden oder schneller	10 Punkte
mehr als 30 Sekunden oder läuft um die Kiste herum	0 Punkte

Leckerbissen unter der Tasse

Lege einen Leckerbissen auf den Boden und stülpe einen alten Becher oder eine Tasse aus Plastik darüber. Nun muss dein Hund herausfinden, wie er ohne deine Hilfe an die Belohnung kommt.

Manche Hunde bewegen die Tasse mit den Füßen, andere versuchen es mit der Nase oder probieren sogar, den Griff zu packen. Alles ist erlaubt, wenn du ihm nicht dabei hilfst.

Wertung	
5 Sekunden oder schneller	20 Punkte
10 Sekunden oder schneller	15 Punkte
20 Sekunden oder schneller	10 Punkte
30 Sekunden oder schneller	5 Punkte
mehr als 30 Sekunden	0 Punkte

Bei einem ähnlichen Spiel wird die Belohnung unter einer Decke versteckt.

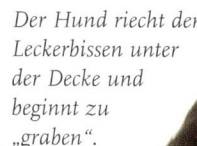

Der Hund riecht den Leckerbissen unter der Decke und beginnt zu „graben".

Jetzt benutzt er seine Schnauze. Er braucht einen Widerstand, um die Tasse umzustoßen.

Geschafft: Die Tasse kippt um und der Hund findet die Belohnung.

Die Knie sind sehr gut als Widerstand geeignet!

➲ Spielen ist Lernen

In der Wildnis nutzen die Hunde ihre Zeit, um zu schlafen, zu jagen, zu fressen und zu spielen. Das Spiel verbindet die Mitglieder eines Rudels und knüpft ein enges Band zwischen den Familienmitgliedern.
Beim Spielen fällt außerdem sofort auf, wenn ein Familienmitglied schwächer ist. Dann können ihn die anderen auf der Jagd ein bisschen beschützen oder ihm helfen, wenn er zu müde wird.

Genie oder weiterüben?

Zähle die Punkte aus allen drei Spielen zusammen, dann bekommst du die Gesamtwertung für deinen Hund:

25 oder mehr	Genie
20 oder mehr	Sehr gut
15 oder mehr	Überdurchschnittlich
10 oder mehr	Muss mehr üben
5 oder mehr	Muss noch lang üben
weniger als 5	Dein Hund ist wohl zu müde zum Spielen!

➲ Wolfsteenager

Alle Hunde spielen gerne, ganz unabhängig von ihrem Alter. Forscher glauben, dass Haushunde kindlich bleiben. Sie wachsen also niemals zu wirklich erwachsenen Wölfen heran, sondern bleiben ihr Leben lang Teenager.

Es klappt! Der Hund gräbt die Belohnung aus.

2 Spiele für draußen

Auf der richtigen Spur

Es macht viel Spaß, wenn du deinem
Hund beibringst, einer Duftspur zu folgen.
Und für deinen Hund ist es aufregend und
spannend. Alle Hunde können einer Spur
folgen, da sie von Natur aus Jäger sind und
den Duft auf dem Boden und in
der Luft wahrnehmen.

Zuerst musst du eine einfache Spur legen.
Gehe morgens ohne dein Hund in den
Garten und lege eine Duftspur. Das geht
am besten auf Gras, wo dein Hund die
zerbrochenen Grashalme riechen kann.

Gehe zehn Schritte lang geradeaus und
verstecke etwas Tolles – Futter oder
Spielzeug – auf dem Boden. Nun gehst du
in deinen Fußspuren wieder zurück. Lass
die Spur zehn Minuten ruhen, dann darf
dein angeleinter Hund den Startpunkt
suchen. Nun geht es der Spur entlang bis
zur Belohnung. Es darf sie fressen oder
damit spielen und wird gelobt.

Viele Hunde suchen anfangs mit den Augen nach dem Versteck. Ermuntere deinen
Hund mit der Hand, am Boden nach einer
Spur zu suchen. Hat er erst einmal die
Regeln des Spiels verstanden, kannst du
die Spur ruhig länger machen; so lang, bis
er die Belohnung nicht mehr sehen kann.

Zeige ihm, wie sehr du dich freust, wenn
er der Spur bis zum Ziel gefolgt ist – hüpfe
herum oder spiele mit ihm.

Hundefußball

Wenn es dir gelingt, deinem Hund beizubringen, wie man einen Gegenstand mit
der Nase bewegt, dann ergeben sich daraus
wunderbare Spiele. Stell dir vor, du könntest mit deinem Hund Fußball spielen,
ohne dass er den Ball kaputt macht!

1. Denke an den Clicker, dein Clicker-Wort
   und eine Belohnung.
2. Halte deinem Hund den Gegenstand,
   z.B. einen Fußball, dicht vor die Nase.
   Die meisten Hunde bewegen sich nun
   etwas auf den Ball zu. Jetzt kommt der
   „Click" oder das Clicker-Wort und die
   Belohnung, sobald der Hund am Ball
   schnuppert. Macht dein Hund gar nichts

Die meisten Hunde sind neugierig und schnuppern an neuen Gegenständen. Daher ist es nicht so schwierig, deinem Hund Schnauzenball beizubringen.

und schaut den Ball nur an, stuppst du den Ball etwas an oder kickst in ein bisschen herum.

3. Wiederhole alles ein paarmal. Die meisten Hunde verstehen schnell: Wenn sie den Ball mit der Schnauze berühren, wird geclickt – sie wissen, dass sie es so richtig gemacht haben. Jedes Mal, wenn dein Hund den Gegenstand berührt, musst du clicken und ihn belohnen.

4. Jetzt hältst du den Gegenstand etwas weiter weg – dein Hund muss sich bewegen –, entweder unter sein Kinn, er muss den Kopf senken, oder höher, dann muss er sich strecken.

5. Wenn es deinem Hund jedes Mal gelingt, den Ball zu berühren, kannst du ihn auf den Boden legen oder in die Höhe halten, bis dein Hund springen muss.

6. Schließlich musst du abwarten, bis dein Hund den Ball etwas härter trifft und er zu rollen beginnt – jetzt clicken und belohnen. Übe so lange, bis dir dein Hund den Ball zuspielt. Dann schiebst du ihn vorsichtig zu ihm zurück. Wenn ihr nicht übt, wird der Ball versteckt.

Wenn du ihm beibringen möchtest, wie man mit den Füßen kickt, musst du ihn jedes Mal belohnen, wenn er zufällig die Pfote benutzt. Hunde setzen ihre Füße ganz unterschiedlich ein, aber wenn sie das Prinzip verstanden haben, spielen die meisten sehr gerne.

Reise nach Jerusalem – einmal anders

An diesem Spiel nehmen dein Hund und ein paar deiner Freunde oder Familienmitglieder teil.

1. Alle stellen sich im Kreis auf.
2. Einer hält den Hund fest und nennt den Namen von jemandem im Kreis.
3. Der Aufgerufene ruft nun den Hund und gibt ihm eine Belohnung, wenn er kommt. Dann ruft

Du kannst deinen Hund auch mit einem Clicker und Belohnungen dazu bringen, seine Füße zu benutzen.

Dein Hund soll einem geworfenen Gegenstand nachlaufen, ihn fangen und zurückbringen.

er einen anderen Namen auf und dieser ruft den Hund.

4. Der Hund sollte innerhalb von 20 Sekunden kommen, oder der Betreffende scheidet aus! Wenn das passiert, nennt der letzte einen neuen Namen.

5. Wenn ihr alle sehr gut spielt, könnt ihr die Zeit auch auf zehn Sekunden verkürzen. Ihr müsst aber darauf achten, den Hund jedes Mal zu belohnen. Vielleicht bekommt auch der Mensch, der übrig bleibt, eine Belohnung!

Das Quadratspiel

Markiere ein Quadrat mit etwa zwei Meter Seitenlänge durch vier Gegenstände an den Ecken. Dann gehst du mit dem Hund an der Leine zum ersten hin und sagst „Sitz!". Nun gehst du zur zweiten Ecke und gibst das Kommando „Platz!".

An der dritten Ecke soll sich dein Hund wieder setzen, an der vierten wieder hinlegen.

Ein Freund könnte mit einer Stoppuhr messen, wie lange ihr braucht, um alle Übungen auszuführen. Danach macht dein Freund die Übungen und du stoppst die Zeit.

Es wird spannender, wenn du Zeitstrafen einführst. Wenn du deinem Hund mit der Hand helfen musst, gibt es eine Zeitstrafe von fünf Sekunden. Auch wenn du die Kommandos „Sitz!" oder „Platz!" wiederholen musst, gibt es fünf Sekunden Strafe.

Denke aber daran: Du oder dein Freund dürfen sich nicht zu sehr anstrengen, die Zeit des anderen zu schlagen, sonst überanstrengt ihr den Hund oder erschreckt ihn sogar.

Er möchte spazieren gehen! Du kannst deinem Hund beibringen, die Leine zu holen.

Beim Spielen werdet ihr die besten Freunde. Spiel deshalb jeden Tag einige Zeit mit deinem Hund.

Bring, bring, bring ...

Durch dieses Spiel lernt dein Hund, aus der Entfernung auf dich zu hören und Gegenstände zurückzubringen.

1. Ziehe mit Kreide einen Strich auf den Boden oder markiere irgendeine Linie.
2. Lege jenseits der Linie acht Hundespielzeuge in zwei Viererreihen aus.
3. Dein Hund sitzt hinter der Linie, du stehst drei bis sechs Meter entfernt.

Nun hast du 30 Sekunden Zeit. Dein Hund soll dir so viele Gegenstände wie möglich bringen. Du darfst aber nicht über die Linie treten. Gib also dein Bestes und lobe deinen Hund auch schon, wenn er nur an den Gegenständen schnuppert.

Der Welpe bringt einen Softball zurück.

3 Hundesport

Agility

Dieser Sport kann für Hunde und ihre
Besitzer sehr aufregend sein. Hunde
lernen, wie man verschiedene Hindernisse
überwindet, z.B. durch Reifen springt,
durch Tunnel oder im Slalom zwischen
Pfosten läuft. An solchen Wettbewerben
können alle Rassen teilnehmen, doch
meist sind Border Collies unter den
Schnellsten.

*Gehorsamstraining ist
wichtig. Dieser Mischlingshund achtet auf das Hand-
zeichen für „Bleib!" in der
„Platz"-Position.*

*rechts, von oben nach unten:
Ein Golden Retriever springt
über ein Hindernis.*

*Seine Besitzerin gibt dem
Yorkshire Terrier das
Zeichen, über die Barriere
zu springen.*

*Furchtloser Abenteurer: Ein
Jack Russel Terrier läuft über
einen Balken.*

*Ein Mini-Schnauzer auf
einer kleinen Wippe.*

Zum Agility gehört auch das Springen über Hürden. Weil die Hunde kräftige Beine brauchen, müssen die Teilnehmer älter als ein Jahr sein. Die Hunde müssen gut gehorchen, denn sie rennen im Wettkampf ohne Leine und treffen davor und danach viele andere Menschen und ihre Hunde.

Obedience

Obedience bedeutet „Gehorsam". Bei diesem Wettbewerb geht es darum, wie gut der Hund auf seinen Trainer hört und wie gut der Trainer Kommandos gibt. Der Hund soll z.B. in perfekter Position „bei Fuß" neben seinem Trainer herlaufen. Oder er muss sitzen, liegen oder in einer bestimmten Position bleiben, bis der Trainer das Kommando aufhebt, oder aus der Ferne gehorchen, wobei ihm der Trainer die Kommandos zuruft oder Handzeichen gibt.

Es gibt spezielle Prüfungen für Kinder und ihre Hunde. Wenn du Spaß an solchen Übungen hast, solltest du dich bei einem Hundeverein in deiner Nähe erkundigen.

Flyball

Flugball – das ist ein tolles Spiel! Man spielt es in Mannschaften. Jeweils ein Hund läuft über eine Hindernisbahn. Er muss mehrere Hürden überspringen, bis er zu einer Kiste mit einem Ball kommt. Die Hunde wissen, dass sie auf einen Hebel treten müssen, dann fliegt der Ball heraus. Der Hund rennt mit dem Ball zur Startlinie, dann kommt der nächste dran. Die schnellste Mannschaft gewinnt.

Arbeitshunde

Hierbei kommt es auf verschiedene Fertigkeiten an. Ein Hund muss bestimmte Aufgaben lösen, versteckte Objekte finden und über Hindernisse gehen. Dieser Sport ist ideal für Leute, die sich gerne im Freien aufhalten.

Tanzen mit dem Hund

Dieser Sport entwickelte sich aus dem „bei Fuß" gehen zu Musik. Außerdem gehören Tricks dazu: Die Hunde laufen zwischen den Beinen ihres Trainers hin und her, drehen sich auf der Stelle und gehen rückwärts – alles im Takt der Musik.

Hundeausstellung

Reinrassige Hunde nehmen manchmal an Wettbewerben teil. Dabei wird bewertet, ob sie dem offiziellen „Standard" ihrer jeweiligen Rasse entsprechen. Es wird erwartet, dass sie völlig ruhig stehen, wenn sie von den Preisrichtern bewertet werden, und dass sie sich in genau der richtigen Geschwindigkeit bewegen. Bei vielen Hundeshows dürfen Jugendliche ihre Hunde vorführen und werden bewertet, wie geschickt sie dabei sind. In einem Hundeverein kannst du solche Fähigkeiten zusammen mit deinem Hund erlernen.

Es gibt auch kleinere, lustige Shows für reinrassige und Mischlingshunde. Dabei kannst du an Wettbewerben teilnehmen, wie „der Hund mit dem beweglichsten Schwanz" oder „den schönsten Augen". Beliebt sind auch Wettbewerbe wie, „der Hund, den die Preisrichter am liebsten mit nach Hause nehmen würden".

Wenn du an irgendeinem dieser Wettbewerbe teilnehmen möchtest, dann wende dich an deinen Tierarzt oder frage einen Erwachsenen nach der Adresse eines Hundevereins in deiner Nähe. Dort wirst du Trainer und wahrscheinlich auch neue Freunde kennen lernen.

4 Dein Hund lernt Tricks

Pfötchen geben

Viele Hunde bringen sich diesen Trick selbst bei – oder sie bringen uns bei, dafür belohnt zu werden! Neugeborene Welpen drücken ihrer Mutter mit der Pfote auf den Bauch, wenn sie Milch wollen. Später heben sie die Pfote, wenn sie Zuneigung oder Freude ausdrücken wollen.

1. Dein Hund sitz vor dir und du gibst ihm winzige Futterstückchen.

Manchmal stupsen Welpen die Schnauzen ihrer Eltern an, wenn sie um Aufmerksamkeit bitten.

2. Halte eine zweite Belohnung in deiner fest verschlossenen Faust nahe am Boden. Pass gut auf. Sobald dein Hund irgendetwas mit der Pfote anstellt, mach „Click" oder sage das Clicker-Wort und gib ihm die Belohnung.
3. Jetzt soll dein Hund mit der Nase am Futter schnuppern. Wenn du das Futter weiter festhältst, wird dein Hund sicher versuchen, es mit der Pfote zu berühren. Dann folgt wieder Clicken und Belohnung. Wiederhole die Übung mindestens viermal.
4. Jetzt setzt du dir ein Ziel. Dein Hund bekommt die Belohnung erst dann, wenn er ganz deutlich seine Pfote bewegt hat.
5. Nun hebst du deine Hand mit der Belohnung etwas höher. Also wird auch dein Hund seine Pfote höher halten müssen. Belohne gute Versuche mit Clicken und einem Leckerchen.
6. Sobald dir dein Hund regelmäßig die Pfote gibt, wenn du ihm deine Hand zeigst, kannst du das Kommandowort „Gib Pfötchen" hinzufügen. Schon bald wird dir dein Hund auf Kommando die Hand schütteln.

➜ Winken

Hat dein Hund verstanden, dir auf Kommando die Pfote zu geben, kannst du deine Hand leicht bewegen, bis er in der Luft „winkt". Clicken und Belohnung. Schon bald wird dein Hund seine Pfote immer höher nehmen und winken.

links: Halte die Belohnung in der verschlossenen Hand dicht am Boden. Dein Hund wird zuerst an der Hand schnuppern.

rechts: Dann berührt er deine Hand mit der Pfote. Sage „Gib Pfötchen!" und gib ihm die Belohnung.

Bald gibt dein Hund immer die Pfote, wenn du es ihm sagst.

Dieser Golden Retriever richtet sich auf und macht mit einem Ball im Maul Männchen.

Männchen machen

Du kannst dir viele Namen für diesen Trick ausdenken: „Mach Männchen", „Spiele Bär", „Sei ein Pinguin". Dein Hund muss erst ein sicheres Gefühl für die Balance entwickeln, daher solltest du ganz vorsichtig vorgehen.

1. Biete deinem sitzenden Hund einen Leckerbissen etwas über seinem Kopf an. Wenn er dabei einen Fuß vom Boden hebt, clicke, lobe ihn und gib ihm das Futter.
2. Wiederhole diese Übung ein paarmal.
3. Clicken und Belohnung gibt es erst, wenn dein Hund beide Beine vom Boden hebt.
4. Versuche, deinen Hund jedes Mal etwas höher zu locken.
5. Zum Schluss kommt dann der entsprechende Befehl dazu – „Mach Männchen!".

Rollen

Wenn du deinem Hund beibringst, sich auf den Rücken zu rollen, kannst du ihn leichter kraulen. Außerdem zeigt er damit, dass er dir vertraut.

1. Bringe deinen Hund dazu, sich hinzu-legen; wenn nötig, locke ihn mit Futter.
2. Schau dir nun an, wie er seine Hinter-beine angewinkelt hat. Halte

ein Futterstückchen seitlich an sein Maul. Bringe ihn dazu, seinen Kopf seitlich von den Hinterbeinen wegzudrehen, bis er über seine Schulter schaut.
3. Halte das Futterstückchen immer noch neben das Maul und locke deinen Hund weiter zur Seite.
4. Feuere dein Hund ständig an. Halte das Futter so lange fest, bis er sich auf den Rücken rollt. Clicke und belohne ihn, sobald er auf dem Rücken liegt.
5. Versuche möglichst bald, die Bewegung auch ohne Futter auszulösen. Dein Hund soll herausfinden, für welche Be-wegung er belohnt wird.
6. Füge das Kommando „Rollen" hinzu, aber erst dann, wenn die Bewegung im-mer und ohne Lockfutter klappt.
7. Wenn du magst, kannst du deinem Hund beibringen, aus dem Stand auf den Rücken zu rollen und wieder aufzustehen. Damit kannst du deine Freunde beeindrucken.

Verbeugung

Wenn dein Hund all diese wunderbaren Tricks beherrscht, kann er auch lernen, sich zu verbeugen. Hunde verwenden die-se „Spielverbeugung" untereinander als Aufforderung zum Spiel, daher ist sie ein-fach zu erlernen.

1. Halte ein Futterstück an die Nase deines Hundes und senke es zwischen die Vorderfüße ab.
2. Der Hund wird der Bewegung folgen, seinen Kopf senken und dabei das Hin-terteil oben lassen. Nun clickst du oder sagst das Clicker-Wort und belohnst deinen Hund.
3. Sinkt der Po deines Hundes dabei auf den Boden, halte ihn vor dem Clicken und der Belohnung einige Sekunden mit der Hand unter dem Bauch fest.
4. Fällt deinem Hund diese Aufgabe leicht, sagst du, „Verbeuge dich", bevor du ihn mit dem Futter nach unten lockst. Mit etwas Übung wird es dir nicht schwer fallen, deinem Hund beizubringen, einen Trick auf ein Wort oder eine Handbewegung hin auszuführen.

Bring deinen Hund mit einem Futterstückchen an der Nase in die „Platz"-Position. Dann locke ihn mit einer Belohnung, bis er sich auf den Rücken rollt. Mit etwas Übung wird sich dein Hund drehen, wenn er das Kommando hört.

Manche Rassen, wie etwa ein Dobermann, können diesen Trick auf hartem Untergrund nicht gut ausführen, wahrscheinlich weil sie empfindliche, knochige Rücken haben. Versuche es mit einem weichen Untergrund, z.B. einem Teppich oder einer Decke, und belohne ihn beim kleinsten Fortschritt mit „Click" und Futter.

Dieser Border Collie will spielen.

Zum Abschluss

Ein Hund ist in den ersten paar Wochen niedlich, kuschelig und einfach lieb. Wie er sich dann weiterentwickelt, liegt an dir und deiner Familie, vor allem aber daran, wie ihr euch um ihn gekümmert habt. Es ist großartig, zu verstehen, was dein Hund denkt, wie er sich mitteilt und wie er lernt – aber es dauert lange!

Wenn du dieses Buch gelesen hast, wirst du wissen, dass man einen Hund nicht nur für kurze Zeit oder ein paar Tage hat. Bei richtigem Training und wenn er gut gehorcht, wird dein Hund ein festes Mitglied in eurer Familie. Er wird seine eigenen Regeln haben und euch dafür durch Liebe und Freundschaft belohnen.

Wenn du möchtest, kannst du einem Hundeverein in deiner Nähe beitreten. So lernt ihr beide von professionellen Trainern. Egal wie du dich entscheidest, ob du zu Hause oder im Verein trainierst, es muss dir und deinem Hund immer Spaß machen, gemeinsam zu üben. Spaß ist das Wichtigste für euch beide!

Muppet ist ein Englischer Springer Spaniel. Sag „Auf Wiedersehen", Muppet!

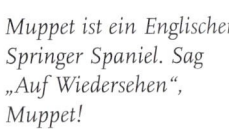